Learning English

Grundgrammatik

Ausgabe für Gymnasien

Neubearbeitung

von
Friedrich Ungerer, Peter Pasch, Peter Lampater
und Rosemary Hellyer-Jones

Ernst Klett Verlag
Stuttgart Düsseldorf Leipzig

Learning English – Grundgrammatik

Ausgabe für Gymnasien

Neubearbeitung

von

Prof. Dr. Friedrich Ungerer, Rostock; Dr. Peter Pasch, Tübingen;
Peter Lampater und Rosemary Hellyer-Jones M. A., Ehingen (Donau)

1. Auflage 1 10 9 8 7 | 2011 2010 2009 2008

Alle Drucke dieser Auflage können im Unterricht nebeneinander benutzt werden, sie sind untereinander unverändert.
Die letzte Zahl bezeichnet das Jahr dieses Druckes.

Internetadresse: http://www.klett-verlag.de

Redaktion: Inge Schäfer

Herstellung: Birgit Gaab
Layout: Anita Bauch
Zeichnungen: Dorothee Wolters, Köln
Umschlaggestaltung: Christian Dekelver, Weinstadt
Druck: W. Wirtz, Speyer
Printed in Germany
ISBN: 3-12-511501-9

9 783125 115019

Inhalt

Kapitel 8: Adverbien und adverbiale Bestimmungen

Kapitel 9: Die Zeitformen des Verbs

Kapitel 10: Das Passiv: Zeitformen und Satzmuster

Kapitel 11: Die Hilfsverben

Symbole und Abkürzungen

*	Anmerkung	!	Hinweis auf häufige Fehlerquelle
AE	amerikanisches Englisch	BE	britisches Englisch
dt.	deutsch		

Kapitel 1

Das Nomen (Substantiv)

1 Personenbezeichnungen

Männliche Person – weibliche Person

Here's a photo of the twins when they were babies. The one on the left is **Daniel,** and the other one is **Alice.**
Mrs Jackson will show you the cameras in a moment.
A **boy** tried to steal one of those camcorders. But the **man** in the shop saw him.

My **grandfather** took part in the London Marathon last spring. My **grandmother** took some pictures of him running across Tower Bridge.

Have you met my **cousin Rebecca**?

Wenn man von Personen spricht, verwendet man sehr oft Eigennamen. Bei ihnen ist (fast) immer klar, ob es sich um eine männliche oder weibliche Person handelt.

Bei den allgemeinen Bezeichnungen *man, woman, boy* und *girl* ist dies eindeutig.

Auch bei Verwandtschaftsbezeichnungen verwendet man meist – wie im Deutschen – verschiedene Wörter für männliche und weibliche Personen.
Ausnahme: *cousin,* das für Vetter und Kusine steht.

grandfather
father
son
brother
uncle

grandmother
mother
daughter
sister
aunt

1 Nouns for persons

Different words for male and female persons: names, members of the family, *man, woman, girl, boy*

Männliche und weibliche Person

Is your **friend** staying over the weekend? – No, I'm afraid **she** has to go back tonight.
Our **neighbour** is taking us to the station in **his** car.

Has the **doctor** come yet? – Yes, **she**'s just arrived.
Tom has a very good new trumpet **teacher**, but I'm afraid I can't remember **her** name.
There was a phone call from your **friend Katie**.

Die meisten anderen Personenbezeichnungen können sich auf beide Geschlechter beziehen.
Dies gilt z. B. für Wörter wie *friend, neighbour, child, student.*

Hierher gehören auch die meisten Berufsbezeichnungen (*doctor, teacher* usw.).
Ob es sich um eine männliche oder weibliche Person handelt, wird oft erst durch ein Personalpronomen *(he/she)*, ein Possessivwort *(his/her)* oder einen Eigennamen klar.

Mike used to work as a **waiter** and I had a job as a **waitress** in the same restaurant. That's how we got to know each other.
When I was still at primary school, I wanted to be an **actress**.

In einigen Fällen haben Bezeichnungen für weibliche Personen eine besondere Nachsilbe (meist *-ess*). Dies ist jedoch viel seltener als im Deutschen die Nachsilbe *-in* (z. B. *Kellnerin*).

* Ob sich ein Nomen auf eine männliche oder weibliche Person bezieht, kann auch durch Zusätze wie *man/woman, male/female* ausgedrückt werden.

a **woman** doctor – a **male** nurse – a **male/female** student

1 Nouns for persons

The same noun is often used for both sexes, for example *friend, neighbour, student, teacher, doctor, shop-assistant.*

2 Gruppenbezeichnungen wie *family, team, people* und *police*

The **team** ***are*** playing very well today.

Our **team** ***is*** doing quite well this season.

Gruppenbezeichnungen wie *family* und *team* haben mit anderen Personenbezeichnungen gemeinsam, dass sie Singular- und Pluralformen haben *(one family, two families)*. Trotzdem nehmen sie eine Sonderstellung ein, weil sie im Singular auf zwei verschiedene Weisen verwendet werden können:

Gruppe als Summe der Mitglieder: Verb und Pronomen im Plural	**Gruppe als Einheit: Verb und Pronomen im Singular**
Unfortunately, my **family** ***aren't*** able to get together very often. Our school **team** ***are*** away in London at the moment. ***They are*** playing in the National Cup. The **crowd** ***were*** so angry that ***they*** started throwing bottles onto the field.	The Lancaster **family** ***is*** one of the oldest in this part of the world. Our rugby **team** ***isn't*** very strong this year. ***It needs*** a new coach. There ***was*** an enormous **crowd** outside the football ground, waiting to get tickets.
Hier wird betont, was die einzelnen Mitglieder tun, nicht die Gruppe als Ganzes. Diese Betrachtungsweise ist im Englischen sehr häufig, vor allem auch bei *class, club, crew, audience, government*.	Hier wird betont, dass die Gruppe als Ganzes gemeint ist. Die Familie, Mannschaft usw. wird also – wie stets im Deutschen – als Einheit aufgefasst.

2 Nouns for groups of people

Nouns like *family, team, class* and *government* can be used with singular or with plural verb forms and pronouns.

People („Leute") und _police_: nur mit Verb und Pronomen im Plural

Most **people** in big cities ***worry*** about crime.
Over twenty **people** ***were*** trapped in the burning building.
The **police** ***are*** very helpful in emergencies.
Die Polizei ist …
They can be called day and night.
Sie kann … gerufen werden

People („Leute") und *police* versteht man im Englischen immer nur als Summe der Mitglieder. Deshalb werden sie stets mit den Pluralformen von Verb und Pronomen verbunden. *People* kann mit Zahlwörtern gebraucht werden *(twenty people), police* jedoch nicht. (Hier verwendet man z. B. *two police officers*.)

! *People* hat auch die Bedeutung „Volk".
In dieser Bedeutung kommt *people* im Singular und Plural vor.
Vgl.:

The Spanish are **a** proud **people.**
… **ein** stolzes **Volk**.
A prayer was said for all the **peoples** of the world.
… alle **Völker** der Erde …

Bei Mengenangaben wie *a number of, the majority of, half of* richtet sich das Verb immer nach dem Nomen, das auf die Mengenangabe folgt. Da auf *a number of* und *the majority of* nur ein Plural folgen kann, steht auch das Verb hier immer im Plural. (Bei *half of* kann auch ein Singular folgen: Dann steht das Verb im Singular.)

A large **number** of passengers ***were*** injured in the rail crash.
Half of the children ***were*** ill with flu.
(Aber: **Half of** the money ***was*** spent on new equipment for the hospital.)

3 Sachbezeichnungen

1. Singular und Plural

Where's the bread **knife**? – Here ***it*** is.
We've got enough **knives,** but there are no **forks** left. ***They*** must be all in the dishwasher.
The **problem** of pollution is enormous. ***It*** seems impossible to solve. So many **ideas** have been suggested, but ***they*** often don't work in practice.

Die meisten Sachbezeichnungen können im Singular und Plural gebraucht werden (zählbare Nomen). Dazu gehören vor allem Bezeichnungen für Gegenstände wie *knife* und *fork*, aber auch abstrakte Nomen wie *problem* und *idea*.

2 Nouns for groups of people
People (= "persons") and *police* can only be used with plural verb forms and plural pronouns.

3 Nouns for things
Most nouns have singular and plural forms. They are called countable nouns.

2. Nur im Singular

Stoffbezeichnungen wie *milk* und *coal*

We've got some **milk** and some **bread** and **cheese** for supper.
Gas *is* used for heating and cooking in a lot of British homes.
I really must have my **hair** cut. ***It looks*** awful.
Years ago, when rooms were heated by open fires, a lot more **coal** ***was*** used.

Die meisten englischen Stoffbezeichnungen werden wie ihre deutschen Entsprechungen nur im Singular verwendet, d. h. sie sind „nichtzählbar“. Manchmal ist jedoch im Deutschen eine Pluralform möglich, im Englischen nicht.
Vgl.: *hair* – Haar, Haare,
coal – Kohle, Kohlen

1 Zu manchen Stoffbezeichnungen gibt es Pluralformen, die jedoch eine andere Bedeutung haben:

You can get hundreds of different **cheeses** in the food department at Harrod's.	… Käsesorten.
Ebenso: *breads* – Brotsorten, *beers* – Biersorten	
Waiter: "Two **coffees.** Anything else, please?"	„Zwei Kaffee …“
Ebenso: *three teas, two lemonades*	
Don't sit on that old chair over there – you'll get dog **hairs** all over your clothes.	… (einzelne) Hundehaare …

Abstrakte Begriffe wie *information* und *advice*

The **information** in this leaflet ***isn't*** very useful.
Die **Informationen** … *sind* nicht …
But the **advice** we got from the London Tourist Board ***was*** quite helpful.
Aber die **Ratschläge** … *waren* …

Information und *advice* werden – im Gegensatz zu den entsprechenden deutschen Wörtern – immer im Singular gebraucht.
Ebenso: *homework* – Hausaufgabe(n),
knowledge – Wissen, Kenntnis(se),
progress – Fortschritt(e),
evidence – Beweis(e)
Bei vielen Nomen besteht aber kein Unterschied zwischen dem Englischen und dem Deutschen.
Vgl.: *courage* – Mut, *music* – Musik,
geography – Geographie

3 Nouns for things
Some nouns are uncountable and are only used in the singular, for example *milk, coal, information, advice.*

Sammelbegriffe wie *luggage* und *furniture*

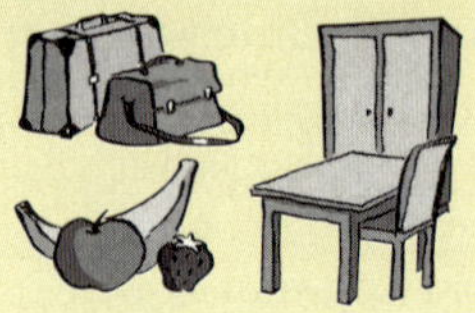

Can you help with the **luggage?** ***It's*** so heavy.
... dem Gepäck ... ***Es ist ...***
The **furniture** in this window ***is*** nice. **Die Möbel ...** ***sind ...***
But look how expensive ***it is.*** ... wie teuer ***sie sind.***
We usually just have **fruit** for dessert – but sometimes we have ***it*** with ice cream. ... **Obst / Früchte ...**

Luggage (AE *baggage*) wird wie das deutsche *Gepäck* im Singular gebraucht. Für *furniture* wird im Deutschen jedoch die Pluralform *die Möbel* verwendet, ebenso für *machinery* die Pluralform *die Maschinen*. *Fruit* kann im Deutschen durch *Obst* oder *Früchte* wiedergegeben werden.

Nomen auf *-s* wie *news, mathematics, darts, the United States*

The United States (The USA) ***has*** a large Spanish-speaking population. **Die USA** ***haben ...***
Let's switch the TV on. The **news** ***is*** coming on now.
Die **Nachrichten** ***kommen.***
Maths (Mathematics) ***is*** my favourite subject. I really enjoy ***it.***
Darts ***is*** a very popular game in Britain.

Obwohl diese Nomen eine Pluralendung auf *-s* haben, bezeichnen sie eine Einheit *(the USA = one country)* und werden deshalb wie eine Singularform verwendet.

2 Trotz der Pluralform steht das Verb nach Geldbeträgen, Zeiträumen und anderen Maßangaben meist im Singular, da man die Maßangabe als Einheit auffasst – als **(einen)** Betrag, **(einen)** Zeitraum usw.

A thousand pounds ***is*** a lot of money.
Five years ***is*** a long time to wait.

3. Nur im Plural

Sammelbegriffe wie *clothes* und *stairs*

Ladies' **clothes** ***are*** on the first floor, madam.
Damen**bekleidung** ***ist*** im ersten Stock.
The **stairs** ***are*** over there on the right.
Die **Treppe** ***ist*** dort drüben rechts.
Sheffield is a busy industrial city in Yorkshire. But the **surroundings** ***are*** very beautiful.
Aber die **Umgebung** ***ist*** sehr schön.

Im Gegensatz zu ihren deutschen Entsprechungen werden *clothes* [kləʊðz] und *stairs* nur im Plural gebraucht.
Ebenso: *goods* – Ware, *wages* – Lohn, *surroundings* – Umgebung

3 Nouns for things

Other uncountable nouns with singular forms only: *luggage, furniture, news, mathematics.*
Nouns that are used as plural forms only: *clothes, stairs, goods.*

Paarwörter wie *trousers*

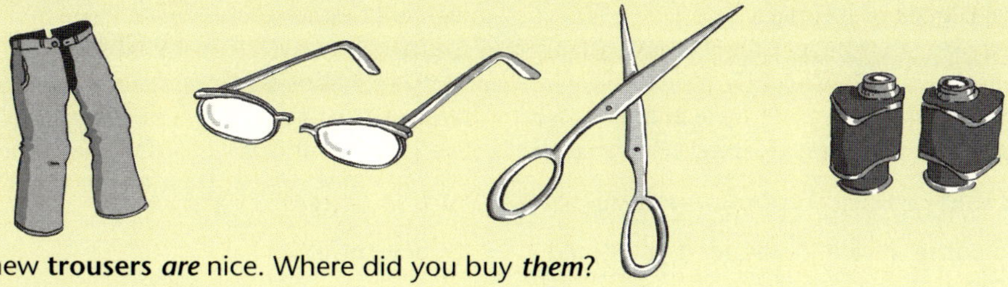

Your new **trousers** ***are*** nice. Where did you buy ***them***?
Deine neue **Hose** *ist* schön ...
These* scissors *don't cut very well. In fact, ***they're*** absolutely useless!
Diese **Schere** ***schneidet*** nicht sehr gut. Sie ***ist*** eigentlich völlig unbrauchbar.
Where ***are*** my **glasses**? – ***They're*** here!
Wo ***ist*** meine **Brille**? – Sie ***ist*** hier.

Diese Paarwörter bezeichnen Dinge, die aus zwei Hälften bestehen.
Weitere Beispiele: *jeans, pyjamas* – Schlafanzug, *scissors* – Schere, *scales* – Waage, *binoculars* – Fernglas.

4 Mengenangaben bei Sachbezeichnungen, die nur im Singular oder nur im Plural gebraucht werden

Vor Nomen, die nur im Singular oder nur im Plural gebraucht werden, kann weder der unbestimmte Artikel noch ein Zahlwort stehen, weil sie nichtzählbar sind. Zur Mengenangabe verwendet man Umschreibungen.

Mengenangaben bei Stoffbezeichnungen

a **piece of** [əv] cake	ein Stück Kuchen	a **pound of** butter	ein Pfund Butter
a **packet of** tea	eine Packung Tee	a **cup / pot of** tea	eine Tasse / Kanne Tee
a **bottle of** milk	eine Flasche Milch	a **bar of** chocolate	eine Tafel Schokolade

! Dem deutschen *ein Brot* entsprechen im Englischen *a loaf of bread* (ein Laib Brot), *a slice (or piece) of bread* (eine Brotscheibe) und *a sandwich* (ein belegtes Brot).

3 Nouns for things
Nouns for things with two halves *(trousers, glasses)* are only used in the plural.

4 Expressions of quantity
a piece of cake, a loaf of bread, a cup of tea

Mengenangaben mit *piece of* bei Sammelbegriffen	
a beautiful **piece of** furniture	ein schönes Möbelstück
several **pieces of** luggage	mehrere Gepäckstücke

Mengenangaben mit *pair of* bei Paarwörtern			
a **pair of** glasses	eine Brille	two **pairs of** scissors	zwei Scheren
two **pairs of** pyjamas	zwei Schlafanzüge	five **pairs of** shorts	fünf Paar Shorts

Some und *any* als Mengenangaben	
I need **some** advice. I wonder if you could help me.	Ich brauche einen Rat.
I asked about local buses at the tourist office. But they couldn't give me **any** information.	Aber man konnte mir keine Auskunft geben.
Have you got **any** scissors? I'd like to cut out this advert.	Hast du eine Schere?

Bei allen zuvor aufgeführten Nomen können auch *some* und *any* gebraucht werden. Zur Verwendung von *some/any* vgl. ■ **24**.

5 Pluralformen des Nomens

1. Plural auf *-s*

Singular	Plural auf *-s*	
one shop	two shops	[-s]
one park	two parks	[-s]
one tree	five trees	[-z]
one garden	two gardens	[-z]
one church	four churches	[-ɪz]
one bridge	three bridges	[-ɪz]

Die Pluralform wird im Englischen bei den meisten Nomen auf *-s* gebildet. Aussprache:
- [-s] nach stimmlosem Laut: [p, t, k usw.]
- [-z] nach stimmhaftem Laut: Vokale und [b, d, g, m, n usw.]
- [-ɪz] nach Zischlaut: [s, z, ʃ, tʃ, dʒ, ʒ] (Schreibung: *-es*).

Beachte die Aussprache von *house* [haʊs], houses ['haʊzɪz].

4 Expressions of quantity
a pair of scissors, some advice, any information

5 Plural forms of nouns
Most nouns have *s*-plurals, but they are pronounced in different ways.

Singular	Plural auf *-s*
one potato one tomato **Aber:** one photo	lots of potatoes some tomatoes several photos
a thief [-f] one knife [-f] **Aber:** one roof [-f]	three thieves [-vz] two knives [-vz] all the roofs [-fs]
one baby **Aber:** one boy	two babies three boys

Besonderheiten:
Bei einigen Nomen auf *-o* wird ebenfalls *-es* angefügt.
Aber: Bei *photo, radio, piano, disco, video* wird nur *-s* angehängt.

Bei Nomen, die auf *-f* oder *-fe* enden, wird der Plural meist auf *-ves* gebildet.
Aber: Bei *roofs, proofs, chiefs, handkerchiefs* wird nur ein *-s* angehängt.

Nach Konsonant wird *-y* zu *-ies*.

Nach Vokal bleibt das *-y* jedoch erhalten.

Bei zusammengesetzten Nomen wird das Plural-*s* normalerweise an das letzte Wort angefügt: *lorry drivers, school teachers, grown-ups, drive-ins, five-year-olds, stopovers*

Ausnahmen:
sons-in-law (Schwiegersöhne), *sisters-in-law* (Schwägerinnen), *passers-by* (Passanten)

2. Andere Pluralformen

Singular	Umlaut-Plural
one man [mæn]	two men [men]
one woman ['wʊmən]	two women ['wɪmɪn]
one foot [fʊt]	two feet [fi:t]
one tooth [tu:θ]	32 teeth [ti:θ]
one goose [gu:s]	several geese [gi:s]
one mouse [maʊs]	a lot of mice [maɪs]

Singular	Plural auf *-(r)en*
one child [tʃaɪld]	two children ['tʃɪldrən]
one ox [ɒks]	two oxen ['ɒksən]

Singular	endungsloser Plural
one sheep	fifty sheep
one fish	hundreds of fish
one deer	some deer (Rotwild)

Einige Wörter aus dem Lateinischen und Griechischen haben im Englischen ihre ursprüngliche Pluralform behalten:

crisis ['kraɪsɪs] – crises ['kraɪsi:z]
phenomenon [fə'nɒmɪnən] – phenomena [fə'nɒmɪnə]
cactus ['kæktəs] – cacti ['kæktaɪ]

5 Plural forms of nouns
With some nouns the *s*-plural has special forms: *tomatoes, knives, babies.* Nouns like *man, child, sheep* have irregular plural forms.

Kapitel 2

Personal- und Reflexivpronomen

6 Formenübersicht: Personal- und Reflexivpronomen

		Personalpronomen Subjektform	Objektform	Pronomen auf *-self / -selves*	Reziproke Pronomen
Singular	1. Person	I	me	myself	
	2. Person	you	you	yourself	
	3. Person	he she it	him her it	himself herself itself	
	allgemein	one	one	oneself	
Plural	1. Person	we	us	ourselves	each other / one another
	2. Person	you	you	yourselves	
	3. Person	they	them	themselves	

7 Personalpronomen

1. Verwendung von *he, she, it*

He/she für Personen, *it* für Dinge
he: boy, husband, actor, boyfriend, etc. **she:** girl, wife, actress, girlfriend, etc. **it:** letter, newspaper, book, literature, etc.

Im Gegensatz zu den deutschen Pronomen *er/sie/es* beziehen sich *he* und *she* grundsätzlich auf Personen, *it* auf Dinge.

He und *she* zur Angabe des Geschlechts
When I came in, the **shop assistant** asked me what I wanted. **He / She** was very helpful.

Viele Nomen lassen nicht erkennen, ob es sich um eine männliche oder weibliche Person handelt (vgl. **1**). Dies kann man aber – wenn man es weiß – durch ein Pronomen klar machen.

6 Table of forms: personal and reflexive pronouns

7 Personal pronouns

He and *she* are used for people, *it* is used for things.
He and *she* make it clear whether a doctor, a teacher, a shop assistant, etc. is male or female.

Wenn das Geschlecht unbekannt ist: *he or she* bzw. *they*

If there is **a doctor** among the passengers, would **he or she** please come to the front of the train.
In an emergency like this, **any** normal **person** will do what **they** can to help.

Weiß man nicht, ob es sich bei einer Person um einen Mann oder eine Frau handelt, so benutzt man die Doppelform *he or she* oder die Pluralform *they*. Früher wurde hier meist nur *he* verwendet. (Zu *they* nach unbestimmten Pronomen vgl. ■ **29** *****1**.)

Verwendung von *he/she/it* für Tiere

Look at **Kitty. She's** caught another mouse!
This is **Leo. He's** the oldest lion in the zoo.
A cat isn't much trouble. **It** looks after **itself** most of the time.
Who does **this dog** belong to? This is the second time I've seen **it** in the garden.

Für Tiere, zu denen man eine besondere Beziehung hat (z. B. Haustiere), kann man *he* oder *she* verwenden. Meist haben solche Tiere Namen.
In allen anderen Fällen verwendet man *it*.

* Gelegentlich kann *she* auch für Dinge stehen, zu denen der Sprecher ein besonderes, persönliches Verhältnis hat, z. B. Autos und Schiffe.

What do you think of **my new car?** Isn't **she / it** a beauty?
The Titanic was near the end of **her / its** first voyage across the Atlantic when **she / it** hit an iceberg and sank.

2. Verwendung der Subjekt- und Objektformen

Wie die Übersicht in ■ **6** zeigt, haben die meisten Personalpronomen unterschiedliche Subjekt- und Objektformen. Die Subjektformen (*I, he* usw.) entsprechen deutschen Nominativformen (*ich, er* usw.). Die Objektformen (*me, him* usw.) entsprechen deutschen Akkusativformen (*mich, ihn* usw.) oder Dativformen (*mir, ihm* usw.).
Vgl.: I'll give **her** (*ihr* – Dativ) the book when I next see **her.** (*sie* – Akkusativ).
Außerdem wird die Objektform in folgenden Fällen statt der deutschen Nominativformen verwendet:

Objektform nach dem Verb *be*

It's **me,** Julia. **Ich** bin's, Julia.
That must be **him.** Das muss **er** sein.
You needn't worry. It's only **us.**
... **Wir** sind's nur.

Nach dem Verb *be* wird praktisch immer die Objektform verwendet.

7 Personal pronouns

He or she or *they* if it is unclear whether a man or a woman is meant.
He/she or *it* for animals.
Object forms of personal pronouns after the verb *be (It's me).*

Objektform in Vergleichen

I hardly recognized Ben. He's as tall as **me** now. ... so groß wie **ich.**
Peter's good at basketball, but I'm better than **him** at swimming. ... besser als **er** ...
The Johnsons have got a bigger house than **us.** ... ein größeres Haus als **wir.**

In Vergleichen steht nach *as* und *than* in der Umgangssprache die Objektform des Pronomens.
(**Aber:** Wenn nach dem Pronomen noch ein Verb folgt, so verwendet man die Subjektform; vgl.: *He's as tall as **I** am.*)

8 Allgemeine Personalpronomen *(one, you, they)*

One* und *you* im Sinn von dt. *man

One can't believe everything **one** reads in the paper. Man kann nicht alles glauben, ...
One should always try to do **one's** best. Man sollte immer versuchen, sein Bestes zu tun.
What he says may be true, but **you** never know. ..., aber man kann nie wissen.

Wenn man von Menschen allgemein spricht und sich dabei selbst mit einschließt, kann man die Pronomen *one* (Genitiv *one's*) oder *you* verwenden. In der Umgangssprache wird eher *you* gebraucht. (Zu *one* als Stützwort vgl. **42.**)

They* und *people* im Sinn von dt. *man

I won't phone home when we arrive. **They** say that no news is good news! Man sagt/Es heißt, dass ...
Oh no, **they**'ve closed the road here! We can't get through.
People don't seem to have noticed there's a speed limit along here.

Wenn man nur an andere Leute denkt, sich selbst also ausschließt, so verwendet man *they* oder *people.*

7 Personal pronouns
Objects forms in comparisons *(bigger than me)*

8 General personal pronouns: *one, you, they*
One and *you* are used if the speaker is included, *they* and *people* if the speaker is not included.

9 Die Pronomen auf *-self/-selves*

Singularforman	*Pluralformen*
myself yourself himself, herself, itself, oneself	ourselves yourselves themselves
Did you make the cake **yourself?** Hast **du** den Kuchen **selbst** gebacken? You can cook supper **yourselves.**	

Die Singularformen werden auf *-self* gebildet, die Pluralformen auf *-selves*. Die zweite Silbe *(-self/-selves)* wird stärker betont als die erste.

Beachte besonders den Unterschied zwischen *yourself* (Singular) und *yourselves* (Plural).
(Vgl. auch die Übersicht in **6**.)

* Die Form *oneself* gehört zum allgemeinen Personalpronomen *one* (vgl. **8**). Sie wird vor allem beim Infinitiv verwendet, z. B. in Wörterbüchern: *to help oneself – sich bedienen.*

Reflexiver Gebrauch
While he was making the sandwiches, **he** cut **himself** with the bread knife. ... schnitt **er sich** ... **You** can help **yourselves.** The drinks are on the table. **Ihr** könnt **euch** bedienen ... You needn't turn the heating down. **It** switches **itself** off at night. ... **Sie** schaltet **sich** nachts ab.

Das Pronomen auf *-self/-selves* wird verwendet, wenn das Objekt dieselbe Person (oder Sache – vgl. *heating*) bezeichnet wie das Subjekt. Das Pronomen bezieht sich also auf das Subjekt, es ist „rückbezüglich" oder „reflexiv".

! Im Englischen hat das Reflexivpronomen – im Gegensatz zum Deutschen – immer eine andere Form als das Personalpronomen:

He introduced **us.**
Er stellte **uns** vor.
Personalpronomen

We introduced **ourselves.**
Wir stellten **uns** vor.
Reflexivpronomen

9 *Self*-pronouns

Singular forms end in *-self*, plural forms in *-selves*.
Reflexive use: the object and the subject refer to the same person or thing *(he cut himself)*.

Deutsch: reflexiv – englisch: nicht reflexiv

This is my Uncle Fred. Do you **remember** him? — **Erinnerst** du **dich** an ihn?
Oh yes, of course. He hasn't **changed** a bit. — Er hat **sich** überhaupt nicht **verändert.**

Das Reflexivpronomen ist im Englischen weit seltener als im Deutschen. Vielen Verben, die im Deutschen reflexiv sind, entspricht im Englischen ein nicht reflexives Verb:

sich beeilen	hurry	*sich entschuldigen*	apologize
sich bewegen	move	*sich erinnern an*	remember
sich setzen	sit down	*sich freuen auf*	look forward to
sich verstecken	hide	*sich Sorgen machen*	worry
sich öffnen	open	*sich fürchten*	be afraid
sich (ver)ändern	change	*sich fragen*	wonder
sich ereignen	happen	*sich etw. vorstellen*	imagine s.th.

Verstärkender Gebrauch: dt. *selbst*

We could hardly believe our eyes when we saw **the Prince *himself*** sitting at the wheel of the car. ... den Prinzen selbst ...
The palace *itself* was built in the Middle Ages, but the gardens are 17th century. Der Palast selbst ...
In those days kings were trained to fight, so **they** could lead their men into battle ***themselves.*** ... deshalb konnten sie ihre Mannen selbst in die Schlacht führen.

Will man ein Nomen oder Pronomen im Satz besonders hervorheben, so kann man ein Pronomen auf *-self* oder *-selves* dahinter stellen. Soll das Subjekt hervorgehoben werden, so kann das Pronomen auf *-self*/*-selves* auch am Satzende stehen (letzter Beispielsatz).

9 *Self*-pronouns

Many verbs are reflexive in German, but not in English: *ich erinnere mich – I remember*, etc.
Self-pronouns can also be used to stress a word in the sentence.

10 Reflexivpronomen und reziproke Pronomen

They are looking at **themselves.**

They are looking at **each other.**

Reflexivpronomen: ***sich selbst***	**Reziproke Pronomen:** ***sich gegenseitig, einander***
They are looking at **themselves** in the mirror. Sie schauen **sich** im Spiegel an. Animals feed their young ones until they can feed **themselves.** … bis sie **sich** selbst ernähren können. If we're going to do a lot of walking, we ought to buy **ourselves** a really good map of the area. … sollten wir **uns** … kaufen.	They are looking at **each other.** Sie schauen **sich** an. People would be a lot happier if they understood **one another** better. …, wenn sie **sich** besser verstehen würden. Emma and I haven't seen **each other** for years. Emma und ich haben **uns** schon jahrelang nicht gesehen.
Die Reflexivpronomen auf *-selves* drücken aus, dass jeder Einzelne oder die Gruppe etwas für sich selbst tut.	Wenn die Handlung auf Gegenseitigkeit beruht, so verwendet man *each other* oder *one another* (und kein Reflexivpronomen!).

10 The pronouns *each other/one another*

Example: *He helps her, she helps him = they help each other.*

Kapitel 3

Genitiv und Possessivwörter

11 Bildung und Aussprache des *s*-Genitivs

Singular	
Kate's book	[keɪts]
Mum's computer	[mʌmz]
Alice's CDs	['ælɪsɪz]
Plural	
my parents' car	['peərənts]
the boys' room	[bɔɪz]
the children's toys	['tʃɪldrənz]
men's clothes	[menz]

Im Singular wird ein Apostroph und *s* an das Nomen angefügt. Aussprache:

[s] nach stimmlosem Laut: [p, t, k usw.]
[z] nach stimmhaftem Laut: Vokale, [b, d, g, l, m usw.]
[ɪz] nach Zischlaut: [s, z, ʃ, tʃ, dʒ, ʒ]

Bei Pluralformen auf *-s* wird nur ein Apostroph angefügt.
Bei anderen Pluralformen wird ein Apostroph und *s* angefügt (wie im Singular). Auch hier richtet sich die Aussprache des *s* nach dem vorangehenden Laut. (Vgl. **5.**)

! Beachte beim Hören: Bei Nomen mit regelmäßiger Pluralbildung kann man nur aus dem Zusammenhang erkennen, ob es sich um einen Genitiv im Singular oder im Plural handelt. Die Aussprache ist jeweils dieselbe. Auch von der Grundform des Plural unterscheidet sich die Genitivform in der Aussprache nicht.

The **officer's** ['ɒfɪsəz] uniform is dark blue.

The **officers'** ['ɒfɪsəz] uniforms are dark blue.

The **officers** ['ɒfɪsəz] are wearing their uniform.

Bei Vor- und Familiennamen auf *-s* kann entweder Apostroph + *s* oder nur ein Apostroph folgen.

Charles's / Charles' sister	['tʃɑːlzɪz / tʃɑːlz]
Mrs **Jones's / Jones'** daughter	['dʒəʊnzɪz / dʒəʊnz]
the **Bates's / Bates'** dog	['beɪtsɪz / beɪts]

11 The *s*-genitive: forms and pronunciation

The use of the *s*-ending and the apostrophe in singular and plural forms of the genitive.

12 Verwendung von *s*-Genitiv und *of-phrase*

1. *s*-Genitiv bei Personen

the President's election

the President

the President's speech

the President's family

the President's arrival

the President's house in the country

Bei Personen wird grundsätzlich der *s*-Genitiv verwendet.
(Zum Gebrauch der *of-phrase* in Sonderfällen vgl. Abschnitt 2 * **2**)
Mit dem *s*-Genitiv kann man ausdrücken:
- was jemand besitzt (z. B. Fahrrad, Haus, CD-Spieler)
- was zu jemandem gehört (z. B. Familie, Sportklub, Heimatstadt)
- was jemand gemacht hat (z.B. Zeichnung, Rede)
- was jemand tut (z. B. ankommen oder abfahren)
- seltener: was mit jemandem geschieht (z. B. gewählt oder empfangen werden).

2. *s*-Genitiv bei Tieren und Sachen

s-Genitiv bei Tieren	
Blackie's bed is under the kitchen table. Don't take **the dog's** biscuits away – it might bite!	Der *s*-Genitiv ist auch bei Tieren üblich, selbst dann, wenn man als Personalpronomen *it* verwenden würde.
***s*-Genitiv bei Orten, Ländern und Institutionen**	
Tower Bridge is one of **London's** most famous sights. **The Government's** report will be published tomorrow.	Auch bei Orten, Ländern und Organisationen wird der *s*-Genitiv häufig verwendet, vor allem in der Sprache der Medien.

*1 Der *s*-Genitiv erscheint auch in Angaben des Zeitpunkts und der Zeitdauer.

This is **yesterday's** newspaper, not **today's**.	... die gestrige Zeitung ...
We had an **hour's** walk along the beach.	... einen einstündigen Spaziergang ...

12 The use of the *s*-genitive and the *of*-phrase

The *s*-genitive with persons and animals.
The *s*-genitive with names of places, countries, institutions.

of-phrase bei Dingen und Ortsbezeichnungen	
The roof **of the church** is being repaired. Who lives in this big house? – The manager **of the glass factory.** His wife is the new head **of St Patrick's School.**	Die *of-phrase* drückt hier eine Art Zuordnung zu einer Sache aus.
There's a big supermarket in the centre **of the town.** Nottingham is a lively city, right in the heart **of England.**	Die *of-phrase* kann sich auch auf Ortsbezeichnungen beziehen. (Zum *s*-Genitiv in diesen Fällen vgl. oben.)

2 Bei Personen wird die *of-phrase* z. B. dann verwendet, wenn die Personenbezeichnung durch einen Zusatz sehr lang wird oder besonders betont ist.

What was the name **of the actor who played the main part in the film last night?**
The whole country was shaken by the sudden death **of the president.**

13 Der *s*-Genitiv ohne nachfolgendes Nomen

Bezugswort vorher genannt	
That's a nice **camera.** – It's **my mother's.** I've only borrowed it.	Das Bezugswort des Genitivs (d. h. das Nomen nach der Genitivform) kann entfallen, wenn es schon vorher genannt wurde.
Whose **bike** is that outside? – It must be **Sophie's.**	Dies ist z. B. meistens bei Fragen mit *whose* der Fall.
Ausdrücke wie *at/to the doctor's*	
I have to go to **the doctor's** tomorrow. Let's get a paper at **the newsagent's** over there. Where's Tim? – He's at **David's** / at **the Longs'.** **St Paul's** isn't far from the Tower.	Bei Arztpraxen, Geschäften, Privatwohnungen, und bekannten Gebäuden wird das Bezugswort (*shop, house, cathedral* usw.) als bekannt vorausgesetzt, auch wenn es nicht vorher erwähnt wurde. Der Genitiv kann hier allein stehen.

12 The use of the *s*-genitive and the *of*-phrase
The *of*-phrase with things and places.

13 The *s*-genitive without a noun
Answering questions with *whose*. Using phrases like *at the doctor's, St Paul's*.

In *a friend of my father's* sind *of-phrase* und nachgestellter *s*-Genitiv zu einem „doppelten Genitiv" zusammengefügt. Dieser deutet an, dass der Vater mehrere Freunde hat. Der einfache *s*-Genitiv *my father's friend* drückt aus, dass ein besonders enger oder der einzige Freund gemeint ist.

The new headmaster is **a friend of my father's.**	... ein Freund (unter mehreren) meines Vaters.
Vgl.: The new headmaster is **my father's friend.**	... der (besonders enge oder einzige) Freund meines Vaters.

14 Die Possessivbegleiter

Formen	
my jacket	**our** shoes
your scarf	**your** boots
his shirt	
her jeans	**their** clothes
its tail	

Die Form *its* darf nicht mit der Kurzform *it's* (für *it is*) verwechselt werden.
Vergleiche:
I love the old part of the city, with ***its*** *narrow streets.*
Let's go down this street. ***It's*** *the quickest way.*

Von einem Possessivbegleiter spricht man, wenn ein Possessivwort bei einem Nomen steht (andere Bezeichnungen sind „attributiv gebrauchtes" oder „adjektivisches Possessivpronomen"). Possessivbegleiter werden im Englischen ähnlich gebraucht wie im Deutschen. In bestimmten Fällen muss jedoch im Englischen ein Possessivbegleiter stehen, obwohl im Deutschen der bestimmte Artikel verwendet werden kann.

Possessivbegleiter bei Körperteilen und Kleidungsstücken

The other day a friend of mine fell off **his** motorbike and broke **his** leg.
... fiel ... **vom** Motorrad und brach sich **das** Bein.
He also hit **his** head and injured **his** left arm. ... **den** Kopf ... **den** rechten Arm.
She took **her** coat off when she came in. Sie zog **den** Mantel aus ...
Put **your** pullover on if you're cold. Zieh dir **den** Pullover an ...

Wie die Übersetzungen zeigen, erscheint hier im Deutschen oft der bestimmte Artikel, im Englischen muss aber der Possessivbegleiter verwendet werden.

Possessivbegleiter bei *life / lives* und *mind / minds*

I've never seen such a terrible accident in **my** life. ... noch nie **im** Leben ...
She couldn't get the memory of the car crash out of **her** mind.
Die Erinnerung an den Autounfall ging ihr nicht aus **dem** Sinn.

Auch *life* und *mind* werden mit dem Possessivbegleiter verbunden.

Thousands of people lost **their lives** in the earthquake. ... kamen ... **ums Leben.**
Many readers of this book claim that it has changed **their lives / their life.**
... dass es **ihr Leben** verändert hat.
We'll be finished soon if we keep **our minds / our mind** on the job.
... wenn wir mit **dem Kopf** bei der Arbeit bleiben.

Steht das Subjekt des Satzes im Plural, so werden meistens die Pluralformen *lives* und *minds* verwendet.

14 Possessive determiners
Possessives with parts of the body, clothes, *life/lives* and *mind/minds.*

15 Possessivbegleiter + *own*

Die Possessivbegleiter *my, your* usw. können mit *own* verbunden werden; dadurch wird ihre Bedeutung („Besitz“ oder „Zugehörigkeit“) verstärkt. Im Gegensatz zum Deutschen *eigen* kann man *own* jedoch nur zusammen mit einem Possessivbegleiter verwenden.

Die beiden Konstruktionen mit *own*	
My brother has got **his** own car.	My brother has got a car **of his own.**
Konstruktion 1: Die Verbindung Possessivbegleiter + *own* kann **vor** dem Nomen stehen.	**Konstruktion 2:** *Own* kann aber auch mit *of* + Possessivbegleiter **nach** dem Nomen stehen.

Keine wörtliche Übersetzung von dt. *ein eigener, kein eigener, zwei eigene*

Smiths haben **einen eigenen** Tennisplatz.
Entweder: The Smiths have got **their own** tennis court.
Oder: The Smiths have got a tennis court **of their own.**

Wir haben **kein eigenes** Segelboot.
Entweder: We haven't got **our own** sailing boat.
Oder: We haven't got a sailing boat **of our own.**

Wendungen wie *ein eigener* und *kein eigener* kann man entweder durch Konstruktion 1 oder Konstruktion 2 ins Englische übersetzen. In jedem Fall muss man darauf achten, dass vor *own* ein Possessivwort steht.

Sie haben **zwei eigene** Pferde.
Nur: They've got two horses **of their own.**

Bei der Konstruktion aus Zahlwort + *eigene* (z. B.: *zwei/drei/vier + eigene)* ist nur die Nachstellung möglich (Konstruktion 2 im oberen Kasten).

They haven't got a TV set of their own.

15 Possessive determiners + *own*

Either: possessive + *own* before the noun *(their own sailing boat).*
Or: *of* + possessive + *own* after the noun *(a sailing boat of their own).*

16 Die Possessivpronomen

Possessivpronomen benutzt man im Gegensatz zu Possessivbegleitern (vgl. **14**) ohne nachfolgendes Nomen. Andere Bezeichnungen sind „nominal gebrauchte" oder „substantivische" Possessivpronomen.

Formen

Whose book is this?

– It's { **mine / yours / his / hers.**
ours / yours / theirs. }

Possessivpronomen statt Possessivbegleiter + Bezugswort

That's a nice **camera.** Is it **yours?**
(statt: Is it **your camera?**)
Whose is this blue **anorak?** – It's not **mine.**
(statt: It's not **my anorak.**)
Whose are these **bags?** – They're **ours,** and the **umbrella** is **ours,** too.

Das Possessivpronomen verwendet man, um die Wiederholung des Bezugswortes zu vermeiden, vor allem in Antworten auf Fragen mit *whose*. (Vgl. **13** zum *s*-Genitiv ohne nachfolgendes Nomen.)

* Die Konstruktion *of* + Possessivpronomen wird genauso verwendet wie der „doppelte Genitiv" (vgl. **13***).

Linda is away at the moment. She's staying in Cardiff with a cousin **of hers.**
Vgl.: This isn't our boat. It belongs to a friend **of my father's.**

16 Possessive pronouns

Forms.
Answering questions with *whose (Whose book is this? – It's mine.).*

Kapitel 4

Artikel und Demonstrativwörter

17 Der bestimmte Artikel: Formen, Aussprache, Verwendung

Formen und Aussprache	
the [ðə]	***the*** [ðɪ]
the **p**lane the **n**ew airport	the **I**rish plane the **a**irport
the **E**uropean air-lines [ˌjʊərə'piːən] the **U**nited States [jʊ'naɪtɪd]	the **h**our ['aʊə] before your flight the **S**OS [ˌes əʊ 'es] signal

Der bestimmte Artikel wird immer *the* geschrieben. Die Aussprache ist vor Konsonanten [ðə], vor Vokalen [ðɪ].

Ausschlaggebend ist, wie der erste Laut des folgenden Wortes ausgesprochen wird, nicht wie er geschrieben wird: Vor [jʊ] wird der Artikel [ðə] gesprochen. Vor stummem *h* wird er [ðɪ] gesprochen, ebenso beim Buchstabieren von *f, h, l, m, n, r, s* und *x*.

Wird der bestimmte Artikel besonders betont, so wird er immer ['ðiː], d. h. mit langem [iː] ausgesprochen.

Early spring is **the** ['ðiː] time to fly to the Greek islands.

Bestimmter Artikel kündigt an, dass etwas näher bestimmt ist	
The strawberries ***at that stall*** are very expensive. **The people** ***over there*** have bought an enormous water melon!	**Strawberries** are very expensive this summer. **People** like to buy their vegetables really fresh.
Der bestimmte Artikel *the* zeigt an, dass Dinge oder Personen näher bestimmt werden: Es sind **bestimmte** Erdbeeren oder Leute gemeint.	Denkt man **nicht** an bestimmte Erdbeeren oder Leute, sondern an Erdbeeren und Leute im Allgemeinen, so darf man den Artikel *the* nicht verwenden.

17 The definite article: forms, pronunciation, use

The definite article indicates that a certain person or thing is meant. The definite article is not used when talking about persons and things in general.

18 Allgemeine Nomen mit und ohne bestimmten Artikel

Nomen *nicht* näher bestimmt: ***ohne* Artikel**	**Nomen näher bestimmt:** ***mit* Artikel**
Stoffbezeichnungen, abstrakte Begriffe	**Stoffbezeichnungen, abstrakte Begriffe**
A lot of **wine** is produced in California. **Mexican food** is very popular in Texas. **History** is full of disasters. **Die** Geschichte … In the Industrial Revolution, **life** was hard for the workers. … war **das** Leben …	**The wine** ***we had last night*** came from Australia. **The food** ***in that Italian restaurant*** was excellent. I'm very interested in **the history** ***of the American Indians.*** I'm reading a book about **the life** ***of George Stephenson.***
Verwendet man diese Nomen im allgemeinen Sinn, so stehen sie **ohne** Artikel, selbst wenn ein Adjektiv (z. B. *Mexican)* vorausgeht.	Wenn auf diese Nomen eine nähere Bestimmung folgt (Relativsatz, Ortsangabe, *of-phrase*), so werden sie **mit** dem bestimmten Artikel gebraucht.
Institutionen und Verkehrsmittel	**Institutionen und Verkehrsmittel**
School starts again in September. **Die** Schule … We always go to **church** on Christmas Day. … in **die** Kirche. I usually go to school by **bus.** … mit **dem** Bus … We can get to the airport by **underground.**	**The school** ***Laura goes to*** is in Holland Road. **The church** ***at the corner*** was built in the 15th century. I must have left my camera on **the bus.** There were crowds of people on **the underground** this morning.
Der bestimmte Artikel steht nicht, wenn an den Zweck der Institutionen (Unterricht, Gottesdienst usw.) oder an die Verkehrsverbindung gedacht wird.	Der bestimmte Artikel wird verwendet, wenn eine ganz bestimmte Schule, Kirche usw. (meist das Gebäude) oder ein ganz bestimmtes Fahrzeug gemeint ist.

Kapitel 4

18 Common nouns with and without the definite article
When to use the definite article with uncountable nouns *(food, wine, history),* with institutions *(school, church)* and means of transport

Nomen *nicht* näher bestimmt: ***ohne* Artikel**	**Nomen näher bestimmt:** ***mit* Artikel**
Monate, Wochentage, Mahlzeiten	**Monate, Wochentage, Mahlzeiten**
In Britain, **July** and **August** are the most popular months for holidays. ... **der** Juli und **der** August ... The working week starts on **Monday.** ... **am** Montag. When we were on holiday, we made **breakfast** ourselves, but we usually went out for **dinner.** ... **das** Frühstück ... **zum** Mittagessen ...	**The September** ***of 1999*** was unusually warm and sunny. I'll never forget **the Monday** ***I started my first job.*** **The breakfast** ***we had on the ferry*** was surprisingly good. Grandpa is going to pay for **the dinner** ***on Mum's birthday.***
Diese Nomen stehen ohne den bestimmten Artikel, wenn sie im allgemeinen Sinn verwendet werden („etwas, das immer wiederkehrt").	Der bestimmte Artikel wird benutzt, wenn z. B. ein ganz bestimmter Juni oder Montag oder eine bestimmte Mahlzeit gemeint ist.

Wenn *most* im Sinn von „die Mehrzahl" gebraucht wird, steht es – im Gegensatz zum Deutschen *die meisten* – ohne Artikel.

Most youth hostels in London can only take you if you book well ahead. — **Die meisten** Jugendherbergen ...

19 Der bestimmte Artikel bei Namen

The Browns and the Robinsons are neighbours.

Bei Namen (auch geographischen Namen) wird der bestimmte Artikel im Englischen viel seltener verwendet als im Deutschen. Dies trifft jedoch nur auf Namen mit Singularform zu.

Ohne Artikel	Mit Artikel
Personennamen im Singular	**Familiennamen im Plural**
Julie often goes to the cinema with **Tom.** **Grandma** and **Aunt Mabel** watch a lot of TV. *Poor* **Dad** missed "The Sky at Night" yesterday evening. Der arme Papa ...	**The Browns** and **the Robinsons** are neighbours. Browns und Robinsons sind Nachbarn. **The Chapmans** haven't got a TV set. They think it would be bad for their children.
Personennamen im Singular und wie Namen gebrauchte Verwandtschaftsbezeichnungen stehen ohne den Artikel. Dies ist auch dann der Fall, wenn ihnen ein Adjektiv vorausgeht.	Familiennamen im Plural stehen im Englischen mit dem bestimmten Artikel.
Ländernamen im Singular, Berge	**Ländernamen im Plural, Gebirge**
Ben Nevis is the highest mountain in **Scotland,** and **Snowdon** is the highest in **Wales.** **Mount Whitney** in **America** is about as high as **Mont Blanc** in **France.**	Many people from **the Netherlands** live in **the United States.** Skiing has become quite popular in **the Scottish Highlands,** but of course it's better in **the Alps.**
Die meisten Ländernamen im Singular und Namen von einzelnen Bergen stehen ohne den Artikel (Ausnahmen: *the Matterhorn, the Eiger* u. a.).	Außer Familiennamen stehen auch alle anderen im Plural gebrauchten Eigennamen mit dem Artikel, z. B. Länder- und Gebirgsnamen.
Seen	**Flüsse, Meere und Meeresteile**
People say that **Ullswater** is the most beautiful of the English lakes, but **Lake Windermere** is more popular for sailing. **Loch Lomond** is the largest of the Scottish lakes.	**The Thames, the Humber** and **the Tyne** all flow into **the North Sea.** **The Dover Strait** is the narrowest part of **the English Channel.**
Gebäude, Straßen, Parks	**Generell: Namen mit *of-phrase***
Most tourists want to see **Buckingham Palace.** **Oxford Street** is London's most popular shopping street. **Hyde Park** is London's largest park.	**The Palace of Westminster** is another name for **the Houses of Parliament.** **The Isle of Wight** is sometimes called the Garden Isle. Many famous people were prisoners in **the Tower (of London).**
Aber: ***the** High Street, **the** King's Road (in London)*	Namen, die eine *of-phrase* enthalten, haben stets den bestimmten Artikel. Bei berühmten Sehenswürdigkeiten kann die *of-phrase* entfallen.

19 The definite article with names
Using (or not using) the definite article for countries, mountains, rivers, lakes, oceans, buildings, streets and parks

20 Der unbestimmte Artikel

Formen und Aussprache	
a [ə]	**an** [ən]
a flight a **l**arge airport a **U**S plane a **Eu**ropean airline	an **i**nternational flight an **a**irport an **S**OS signal an **h**our's trip

Der unbestimmte Artikel lautet vor Konsonanten *a* [ə], vor Vokalen *an* [ən]. Ausschlaggebend ist, wie der erste Laut des folgenden Wortes gesprochen wird (vgl. **17**).

Der unbestimmte Artikel wird im Englischen im Wesentlichen so gebraucht wie im Deutschen. Unterschiedlich ist die Verwendung jedoch, wenn man Beruf, Nationalität oder Religion einer Person angeben will.

***Mit* unbestimmtem Artikel**	***Ohne* Artikel**
Berufsbezeichnungen	**Titel**
Frank's father is **a policeman** ... ist Polizist. Sally worked as **a shop assistant** last summer. ... als Verkäuferin.	Mr O'Neil has been **mayor** for at least three years now. ... ist ... Bürgermeister. Elizabeth II became **Queen** when her father died in 1952. Not many people would like to be **President** of the USA.
Der unbestimmte Artikel steht vor allem dann, wenn die Berufsbezeichnung auf das Verb *be* oder auf *as* folgt.	Kein Artikel wird verwendet, wenn (in einer bestimmten Stadt, einem Land usw.) nur eine Person den Titel führen kann.
Nationalität, Religion	
Carmen Smith is **a Spaniard,** but her husband is **an Englishman.** ... ist Spanierin, ... ist Engländer. Paul is **a Catholic,** but his girl-friend is **a Protestant.** ... ist Katholik, ... ist Protestantin.	

1 Zur Angabe der Nationalität kann statt des Nomens auch das Adjektiv verwendet werden.

Carmen is **Spanish,** but her husband is **English.**

2 Abweichend vom Deutschen steht der unbestimmte Artikel auch bei bestimmten Redensarten.

Sorry I can't stop – I'm in **a** hurry.	Ich bin in Eile.
Ben has got **a** headache and **a** high temperature.	Ben hat Kopfschmerzen und hohes Fieber.

20 The indefinite article

The indefinite article is used when referring to a person's job, religion or nationality.

21 Der unbestimmte Artikel bei Maß- und Zeiteinheiten

Der unbestimmte Artikel in der Bedeutung „pro / je“ wird in folgenden Fällen verwendet:

Bei Maßeinheiten	Bei Zeiteinheiten
How much are these apples? – 80p **a pound.** ... 80p pro / je / das Pfund. This wine is cheap! It only costs £3 **a bottle!** ... £ 3 pro / je / die Flasche.	We don't use the car more than two or three times **a week.** ... zwei- oder dreimal in der Woche. There's a speed limit of 70 miles **an hour** on British motorways. ... 70 Meilen pro Stunde.

22 Die Stellung der Artikel

Der bestimmte und der unbestimmte Artikel stehen normalerweise wie im Deutschen vor Adjektiv + Nomen *(the old book, an old book* usw.). Beachte jedoch folgende Sonderfälle:

Nachstellung des bestimmten Artikels bei *half, all, both, twice, double*	Nachstellung des unbestimmten Artikels bei *half, what, quite, such, rather*
We spent **half the** afternoon practising for the concert. ... den halben Nachmittag ... I hope you'll like **all the** pieces we're playing. ... alle Stücke, die wir spielen ... We really ought to play the Mozart at **twice the** speed. ... im doppelten Tempo ... There aren't enough chairs in the hall. We'll need at least **double the** number! ... die doppelte Anzahl ...	Let's just sit in the sun for **half an** hour. ... eine halbe Stunde ... **What a** lovely day! Was für ein schöner Tag! This good weather is **quite a** surprise. ... eine ziemliche Überraschung. We had **such a** cold winter last year that the river froze over. ... einen so kalten Winter ...

Auch bei *too* + Adjektiv wird der unbestimmte Artikel nachgestellt.

We won't get as far as Loch Ness.
It's **too great a** distance to cycle in one day. ... eine zu große Entfernung ...

21 The indefinite article with units of quantity

22 The positions of the articles
The definite and indefinite article after *half, all, what, quite,* etc.

23 Demonstrativwörter

this book, **that** shop

Die Demonstrativwörter *this, that, these* und *those* stehen oft vor Nomen. Dann sind sie ***Begleiter*** (auch „attributiv gebrauchte" oder „adjektivische" Pronomen genannt).

Formen und Aussprache	
Singular:	
this [ðɪs] boy	**that** [ðæt] girl
Plural:	
these [ðiːz] boys	**those** [ðəʊz] girls

This is my book. Whose is **that?**

This, that, these und *those* können aber auch allein stehen. Dann sind sie ***Pronomen*** (auch „nominal gebrauchte" oder „substantivische" Pronomen genannt).

! Beachte die unterschiedliche Aussprache von *this* [ðɪs] und *these* [ðiːz].

Im Englischen weisen *this/these* auf etwas näher Liegendes hin; vgl. dt. *dieses Buch (hier). That/those* verweisen auf etwas Entfernteres; vgl. dt. *dieses Buch dort/jenes Buch.*

Örtlich näher Liegendes: *this/these*	Örtlich Entfernteres: *that/those*
This place (here) looks OK.	**That** place (on the other side of the road) looks a bit too expensive.
Zeitlich näher Liegendes: *this/these*	**Zeitlich Entfernteres: *that/those***
My sister took her GCSEs **this** summer. **These** days you can even do subjects like Photography for A level. Heutzutage ...	My father used to go to our school. **That** was years ago, of course. There were no girls at King's School in **those** days, only boys. Damals waren ...

This/these und *that/those* werden auch zur Gegenüberstellung verwendet. Man kann zur Gegenüberstellung jedoch auch mehrmals *this/these* oder mehrmals *that/those* verwenden.

This is my room, and **that's** Sam's room.
This is the bathroom, and **this** is the loo.
That's my tennis racket, but **those** aren't my shoes.

23 Demonstratives

This/these for things or persons close by, *that/those* for things or persons further away

Kapitel 5

Mengenwörter

24 *Some* and *any*

1. Bedeutung

some/any: „etwas", „ein paar"

Will man eine **bestimmte** Anzahl oder Menge angeben, so verwendet man meist ein Zahlwort oder eine Maßeinheit, z. B. *two biscuits* oder *a pint of milk.*

There's **some** ***milk*** in the fridge – and there are **some** ***biscuits*** in the cupboard.
... (etwas) Milch ... (ein paar) Kekse ...
Is there **any** ***orange juice*** left?
Ist noch (etwas) Orangensaft übrig?

Handelt es sich um eine **unbestimmte** Menge oder Anzahl, so gebraucht man normalerweise *some* und *any.* Im Deutschen ist hier keine Mengenangabe nötig.

I've still got **some** ***homework*** to do.
We don't have to learn **any** ***words*** today.

Some/any verwendet man vor nichtzählbaren Nomen (vgl. **3.2**) sowie vor den Pluralformen von Nomen. Dabei ist *some* unbetont (Aussprache [sm] oder [səm]).

I've used up all my ***writing paper.*** Have you got **any?** – Yes, I'll give you **some.**

Wenn das Nomen bereits genannt wurde, kann es weggelassen werden.

* *Some* kann auch eine nicht näher bekannte Person oder Sache bezeichnen. Dann wird es betont. (Zu *any* in der Bedeutung „jeder beliebige" vgl. **29.**)

Who won the tournament? – **Some** player ['sʌm 'pleɪə] from South Africa. — Irgendein Spieler ...
She comes from **some** place ['sʌm 'pleɪs] in Iowa, I think. — ... aus irgendeinem Ort ...

24 *Some* and *any* as expression of quantity

Some and *any* express an undefined quantity (*some* milk, *not any* sugar) or an undefined number (*some* biscuits, *not any* books).

2. *Some* und *any* in verschiedenen Satzarten

Wenn man ausdrücken möchte, dass etwas vorhanden oder verfügbar ist, so verwendet man *some*. Wenn man etwas verneint oder im Zweifel ist, verwendet man *any*.

(+) Bejahte Aussagesätze: *some*	**(–) Verneinte Aussagesätze: *any***
Let's get **some** chicken for the barbecue. We've still got **some** sausages. I'd like **some** of those new potatoes, please.	I'm afraid I didn't get **any** eggs today. Linda never eats **any** meat at all. There's hardly **any** coffee left.
	Außer *not* haben auch Wörter wie *never*, sowie *hardly, scarcely* („kaum“), *rarely* verneinende Bedeutung. Deshalb verwendet man nach ihnen *any* und nicht *some*.
(+) Fragesätze mit *some*: Bitten, Angebote, Vorschläge	**(+/–) Fragesätze mit *any*: echte Fragen**
Could I have **some** biscuits? – Certainly. Here you are. Would you like **some** more tea? – Yes, please.	Have you got **any** chocolate biscuits? – Yes, I think so. Is there **any** tea left in the pot? – No, I'm afraid it's all gone.
Some verwendet man, wenn man eine positive Antwort erwartet oder dazu ermutigen will. Die Fragen sind dabei im Grunde Bitten, Angebote oder Vorschläge, also **nur der Form nach Fragen.**	*Any* verwendet man, wenn man nicht weiß, ob die Antwort ja oder nein lauten wird. Es handelt sich hier also um **echte Fragen.**

25 Die Zusammensetzungen mit *some* und *any*

Zu *some* und *any* gibt es u. a. folgende Zusammensetzungen:

someone/anyone } (irgend)jemand
somebody/anybody }
something/anything (irgend)etwas
somewhere/anywhere irgendwo

Für die Verwendung in verschiedenen Satzarten gelten dieselben Regeln wie für *some* und *any* (vgl. **24.2**).
Zu den Zusammensetzungen mit *any* in der Bedeutung *jeder beliebige* vgl. **29**.

24 *Some* and *any* as expressions of quantity

Some in positive statements; *any* in negative statements.
Some in questions if the speaker expects a positive answer. *Any* if the speaker doesn't know if the answer will be *yes* or *no*.

Zusammensetzungen mit *some*	Zusammensetzungen mit *any*
(+) In bejahten Sätzen	**(–) In verneinten Sätzen**
There's **someone** at the door. Who can it be? Aren't you listening? Mum just asked you **something.** The Crofts have sent a postcard – from **somewhere** in Italy.	There isn't **anyone** at home, I'm afraid. Your friend was very quiet. He hardly said **anything.** Why can't we have a holiday in Greece? We never go **anywhere** exciting!
(+) In Fragesätzen: bei Bitten, Angeboten usw.	**(+/–) In Fragesätzen: bei echten Fragen**
Could **someone** put these plates on the table? Would you like **something** to drink?	Did **anyone** ring up this afternoon? Is there **anything** I can do to help?

* Auf die Zusammensetzungen mit *some* und *any* kann ein Adjektiv oder das Wort *else* folgen.

Is there **anything interesting** on at the theatre this weekend?	… etwas Interessantes …?
I don't like this disco. Let's go **somewhere else.**	… woanders …

26 *No* und seine Zusammensetzungen

no **+ Nomen –** ***none***	
I've got **no** ***shoes*** to wear for the wedding. – Well, there's **no** ***time*** to buy a new pair now.	*No* in der Bedeutung „kein" kann nur vor Nomen stehen.
Have we got any ***shampoo*** left? There's **none** in the cupboard here. Hier im Schrank ist keines.	Soll ein Nomen nicht wiederholt werden, so verwendet man *none* [nʌn].
Help! **None** ***of my trousers*** fit any more. Keine meiner Hosen …	Auch vor einer *of*-Gruppe steht *none.*
Zusammensetzungen mit ***no***	
No one / Nobody wears stuff like that these days. I tried on lots of different outfits, but **nothing** looked really good. Where did I put my new sweatshirt? – In your room perhaps. It's **nowhere** here.	Wie zu *some* und *any* gibt es auch zu *no* Zusammensetzungen: *no one / nobody* niemand *nothing* ['nʌθɪŋ] nichts *nowhere* nirgends

25 The compounds with *some* or *any*

Someone, anyone, something, anything, somewhere, anywhere are used in the same way as *some* and *any*.
No and its compounds.

Verwendung von *not … any* statt *no*
Sorry, we have**n't** got **any** yellow shorts in your size. (… we've got **no** yellow shorts …) The assistants were all standing around **not** doing **anything.** (… doing **nothing.**)

No kann durch *not … any* ersetzt werden. *Not … any* wird sogar meist bevorzugt.

Dasselbe gilt für die Zusammensetzungen mit *no* und *any*.

27 *Much, many, a lot of*

Much („viel"): bei Nomen im Singular	*Many* („viele"): bei Nomen im Plural
How **much** ***money*** do you spend on books? – Not **much.** Some people never read books because they think it's too **much** ***effort.*** I didn't do **much** today.	I haven't bought **many** ***books*** so far this year. Do you read **many** ***short stories*** at school? – No, not **many.**
Much wird bei Stoffbezeichnungen und anderen nichtzählbaren Nomen im Singular verwendet. Außerdem kann es auch ohne Bezug auf ein Nomen stehen (vgl. Beispiel 3).	Bei den Pluralformen von Nomen wird *many* („viele") gebraucht. *Much* kommt hier nicht in Frage. (*A lot of* kann dagegen bei Nomen im Singular und Plural verwendet werden; vgl. die Beispiele unten.)
Much **vorwiegend in Fragen und verneinten Sätzen**	***A lot of / lots of*** **in bejahten Sätzen**
Did you do **much** reading this afternoon? – **Not** as **much** as yesterday. Hurry up, we have**n't** got **much** time. How **much** are the tickets? Sorry I can't come – I've got **so much** work to do!	I spend **a lot of / lots of** money on CDs. **A lot of / Lots of** people rent videos instead of buying them. Don't worry, we've got **plenty of** time before the film starts.
Much wird vorwiegend in Fragen und verneinten Sätzen verwendet. In bejahten Aussagesätzen kommt es fast nur in Verbindung mit *so, very* oder *too* vor.	In bejahten Sätzen verwendet man *a lot of/lots of/plenty of*. Diese sind auch in verneinten Sätzen und in Fragen gebräuchlich.

26 *No* and its compounds

No and its compounds can be replaced by constructions with *not … any*.

27 *Much, many, a lot of*

Much is used with singular nouns; *many* is used with plural nouns. *Much* is mainly used in negative statements and questions, *a lot of/lots of* in positive statements.

28 *A little, little – a few, few*

a little („ein wenig") / *little* („wenig"): bei Nomen im Singular	*a few* („einige") / *few* („wenige"): bei Nomen im Plural
Doctors now agree that **a little *wine*** can be good for one's health. Years ago **little** was known about the dangers of cigarette smoking. Getting up late and allowing **too little *time*** for breakfast may cause problems later in the day.	Let's put **a few *cherries*** in the fruit salad. These ***apples*** are from our own tree. There are only **a few** this year, I'm afraid. Let's eat in the garden. We've had **so few *chances*** this summer.
A little und *little* werden bei Stoffnamen und anderen nichtzählbaren Nomen im Singular verwendet. Sie können auch allein stehen (vgl. Beispiel 2). *Little* erscheint meist in Verbindung mit *too, so* oder *very.*	Bei Nomen im Plural werden *a few* bzw. *few* verwendet. *Little* oder *a little* kommen hier nicht in Frage. *Few* erscheint vorwiegend nach *too, so* oder *very.*

Kapitel 5

1 In der Umgangssprache werden statt *little* und *few* meist die Konstruktionen *not much/not many* verwendet (vgl. **27**). Vergleiche:

They do**n't** make **much** money out of that hotel, and they have**n't many** guests.	They make very **little** money out of that hotel. They have very **few** guests.

2 Statt *a little* ist in der Umgangssprache *a bit (of)* gebräuchlicher:

Would you like **a bit of** ketchup with those chips? – Yes please, but only **a bit!**

29 *Every, each* und *any* als Entsprechungen zu *jeder*

Das deutsche *jeder* ist mehrdeutig. Im Englischen wird *jeder* – je nach Bedeutung – durch *every, each* oder *any* wiedergegeben.

Every: jeder, ohne Ausnahme
Every dog needs exercise. **Every dog owner** knows that. Jim loves animals. He knows the name of **every cow *on the farm.*** Sarah goes riding **every weekend *in the summer.***

Every (+ Nomen) bezeichnet
- jeden allgemein (auf der ganzen Welt) (hier ist *each* nicht möglich),
- jeden aus einer eingeschränkten Anzahl (hier wäre auch *each* möglich: ... *each cow on the farm, ... each weekend in the summer).*

28 *A little, little, a few, few*
A little and *little* are used with singular nouns, *a few* and *few* are used with plural nouns.

29 *Every, each, any*
Every is used in general statements.

Ben is such a friendly dog. **Everyone** loves him. He's clever too. He understands **everything** I say.
Has anyone seen Tigger? I've looked **everywhere,** but I can't find him.

Ähnliche Bedeutung wie „jeder allgemein" haben auch die Zusammensetzungen:

everyone/-body	jeder (alle, ohne Ausnahme)
everything	alles (ohne Ausnahme)
everywhere	überall (an allen Orten)

each: jeder einzelne aus einer Gruppe

Inspector Sharp looked at **each *of the documents*** carefully.
There was a list of phone numbers at the front of the diary. He made a note of **each *of them.***

Each wird vor allem vor einer *of-phrase* verwendet. (*Every* ist hier nicht möglich.)

The people he had talked to so far **each** seemed to have something to hide.
How much are these second-hand books? – ***The thrillers*** are £2 **each.**

Each kann sich, im Gegensatz zu *every,* auch auf ein vorangehendes Nomen beziehen.

Do you like the Inspector Morse series on TV? My mum watches **each / every *episode.*** It comes on **each / every *Friday night.***

Außerdem kann *each* wie *every* vor einem Nomen auftreten. Dabei betont *each,* dass jeder Einzelne aus der Gruppe für sich gesehen wird.

any: jeder x-beliebige

The best time to put in new plants is the spring or autumn. **Any gardener** would tell you that.
I don't mind which roses you get. Choose **any colour** you like!
We can go to the garden centre **any time** this afternoon.
Anybody / Anyone can see they're in love.
He would do **anything** for her!
They ran away together three weeks ago.
They may be **anywhere** by now.

Any wird für das deutsche *jeder* gebraucht, wenn keine bestimmte Person oder Sache gemeint ist, sondern irgendeine beliebige. In dieser Bedeutung wird *any* auch in bejahten Sätzen verwendet, vor allem in Sätzen mit *can/could, will/would, may/might* und in Sätzen mit Imperativformen. Entsprechend können auch die Zusammensetzungen gebraucht werden:

anyone/-body	jeder = jede beliebige Person
anything	alles = egal was
anywhere	überall = an jedem beliebigen Ort

1 Obwohl *everyone/-body* und *anyone/-body* Singularformen sind, stehen nachfolgende Pronomen und Possessivwörter häufig im Plural (vgl. **7.1**):

The food was free, but **everyone** had to pay for **their** own drinks.
Anyone that's come here by car will take you home if you ask **them.**

2 Vor Häufigkeitsangaben mit Zahlen benutzt man *every:*

Take ten drops **every two hours.**	… alle zwei Stunden …
I usually go to the dentist's **every six months.**	… alle sechs Monate …

29 *Every, each, any*

Each refers to the individual thing or person in a group.
Any can mean "it doesn't matter which".

All the neighbours love music.

30 *All*

All ohne Artikel	*All* mit Artikel
All stars are enormous balls of burning gas, like our sun. **All snow** melts if temperatures rise enough.	**All the stars** ***we can see*** are part of our own galaxy. Some of the passes in the Alps were closed because of **all the snow** ***(in the mountains).***
All ohne Artikel bezeichnet *alle/alles* aus einer nicht eingeschränkten Anzahl oder Menge (hier: alle Sterne / jeder Schnee überhaupt). *All* ohne Artikel wird vor allem in Verallgemeinerungen verwendet.	*All the* bezeichnet *alle/alles* aus einer eingeschränkten Anzahl oder Menge (hier: nicht alle Sterne überhaupt, sondern nur die Sterne, die wir sehen können; nicht jeder Schnee überhaupt, sondern nur der Schnee in den Alpen). Außerdem kann *all* (wie dt. *alle*) auch vor einem Demonstrativ- oder Possessivbegleiter stehen: *all that money* all das Geld *all these guests* all diese Gäste *all my life* mein ganzes Leben

1 *All* (ohne Artikel) steht vor Zeitbezeichnungen wie *day, night, afternoon, week* zur Bezeichnung einer Gesamtdauer.

He worked **all day.** … den ganzen Tag.

Normalerweise verwendet man *all* jedoch nur bei Pluralformen (*children, houses* usw.) und bei nichtzählbaren Nomen (*bread, meat, music* usw.).

2 Dem deutschen *alles* (ohne Nomen) entspricht im Englischen meist *everything*. Manchmal ist auch *all* möglich, vor allem vor Relativsätzen:

I did **all / everything** I could. Ich habe alles getan, was ich konnte.

30 *All*

All without the article is used in general statements (*all* stars *everywhere);* *all the* refers to a limited number or amount (*all the* stars *we can see).*

31 *Both, either, neither*

both: (alle) beide	*not … either:* / *neither:* } keiner von beiden
A bus ran head-on into a truck. **Both (the) vehicles** were badly damaged in the accident. Beide Fahrzeuge … **Both (the) drivers** had to be taken to hospital. Beide Fahrer … **Both of them** were injured. Beide waren verletzt. **The two children** in the back of the car were not hurt in the crash, but the parents had to be taken to hospital. Die beiden / Die zwei Kinder …	Which of the two cars we looked at did you like best? – I'm afraid I did**n't** like **either** of them. **Neither of them** had much room at the back. ***Either:* irgend einer / jeder von beiden**
Im Gegensatz zum Deutschen *beide* ist *both* immer betont und steht nie nach dem bestimmten Artikel. Allerdings kann der bestimmte Artikel auf *both* folgen (vgl. **22**). *Both* wird nur verwendet, wenn bereits bekannt ist, dass es sich um zwei handelt. Sonst wird *the two* gebraucht.	Shall we have green or blue seats? – I don't think it matters much. **Either** colour would look nice. You can walk on **either** side of the road here.

Zu *not … either* und *neither* in der Bedeutung „auch nicht" vgl. 147.
Zu den Verbindungen *either … or* (entweder … oder …), *neither … nor* (weder … noch …) und *both … and …* (sowohl … als auch …) vgl. 148.1.

31 *Both, either, neither*

Both, either, neither are used for groups of two. *Both* is never used after the definite article.

Kapitel 6

Zahlen, Zeit- und Ortsangaben

32 Grund- und Ordnungszahlen

1. Übersicht

Grundzahlen 1–100			Ordnungszahlen 1–100		
1	one	[wʌn]	1st	the first	[fɜːst]
2	two	[tuː]	2nd	the second	['seknd]
3	three	[θriː]	3rd	the third	[θɜːd]
4	four	[fɔː]	4th	the fourth	[fɔːθ]
5	five	[faɪv]	5th	the **fifth**	[fɪfθ]
6	six	[sɪks]	6th	the sixth	[sɪksθ]
7	seven	['sevn]	7th	the seventh	['sevnθ]
8	eight	[eɪt]	8th	the **eighth**	[eɪtθ]
9	nine	[naɪn]	9th	the **ninth**	[naɪnθ]
10	ten	[ten]	10th	the tenth	[tenθ]
11	eleven	[ɪ'levn]	11th	the eleventh	[ɪ'levnθ]
12	twelve	[twelv]	12th	the **twelfth**	[twelfθ]
13	thirteen	['θɜː'tiːn]	13th	the thirteenth	['θɜː'tiːnθ]
14	fourteen	['-'-]	14th	the fourteenth	['-'-]
15	**fifteen**	['fɪf'tiːn]	15th	the fifteenth	['-'-]
16	sixteen	['-'-]	16th	the sixteenth	['-'-]
17	seventeen	['--'-]	17th	the seventeenth	['--'-]
18	**eighteen**	['-'-]	18th	the eighteenth	['-'-]
19	nineteen	['-'-]	19th	the nineteenth	['-'-]
20	twenty	['twentɪ]	20th	the twentieth	['twentɪəθ]
21	twenty-one	[ˌ--'-]	21st	the twenty-first	[ˌ--'-]
22	twenty-two	[ˌ--'-]	22nd	the twenty-second	[ˌ--'--]
30	thirty	['θɜːtɪ]	30th	the thirtieth	['θɜːtɪəθ]
40	**forty**	['fɔːtɪ]	40th	the fortieth	['---]
50	**fifty**	['fɪftɪ]	50th	the fiftieth	['---]
60	sixty	['sɪkstɪ]	60th	the sixtieth	['---]
70	seventy	['sevntɪ]	70th	the seventieth	['----]
80	**eighty**	['eɪtɪ]	80th	the eightieth	['---]
90	ninety	['naɪntɪ]	90th	the ninetieth	['---]
100	a / one hundred	[ə'hʌndrəd]	100th	the (one) hundredth	

32 Cardinal and ordinal numbers

Cardinal numbers: *one, two, three, four,* etc.
Ordinal numbers: *first, second, third, fourth,* etc.

Grundzahlen über 100		Ordnungszahlen über 100	
143	a / one hundred and forty-three	143rd	the (one) hundred and forty-third
1,000	a / one thousand [ə'θaʊznd]	1,000th	the (one) thousandth
4,638	four thousand six hundred and thirty-eight	4,638th	the four thousand six hundred and thirty-eighth
1,000,000	a / one million [ə'mɪljən]	1,000,000th	the (one) millionth
2,000,000	two million	2,000,000th	the two millionth
1,000,000,000	a billion (BE auch: a thousand million)	1,000,000,000th	the billionth (BE auch: the thousand billionth)

2. Hinweise zu den Grundzahlen

thirty-two seventy-three	zweiunddreißig dreiundsiebzig	Zehner- und Einerzahlen werden durch Bindestrich miteinander verbunden.
a hundred **and** two four hundred **and** thirteen two thousand **and** twenty	hundert(und)zwei vierhundert(und)drei-zehn zweitausend(und)-zwanzig	Einer- und Zehnerzahlen werden durch *and* an Hunderter- und Tausenderzahlen angeschlossen. (Im amerikanischen Englisch wird *and* jedoch meist weggelassen.)
a hundred pounds **one** thousand miles **two** hundred kilometres	(ein)hundert Pfund	Vor *hundred* und *thousand* steht immer ein anderes Zahlwort oder der unbestimmte Artikel *a*.
50,000 (fifty thousand) 4,635,826 3.5 (three point five)	deutsch: 50 000 / 50.000 4 635 826 / 4.635.826 3,5 (drei Komma fünf)	Bei Zahlen über 1000 werden meist je drei Stellen von rechts durch ein Komma abgetrennt. (Im Deutschen benützt man Zwischenräume oder Punkte.) Dagegen schreibt man Dezimalzahlen im Englischen mit einem Punkt.
1066 (ten sixty-six) 1999 (nineteen ninety-nine)		Jahreszahlen werden oft in Zehnereinheiten gesprochen.

Für die Ziffer 0 gibt es im Englischen verschiedene Bezeichnungen. Man sagt z. B.

nought	[nɔːt]	für den Zahlenwert 0 in der Mathematik: *Three minus three leaves nought.*
zero	['zɪərəʊ]	für den Nullpunkt einer Skala: *The temperature is ten below zero.*
o	[əʊ]	in Telefonnummern: *55040 (double five – o – four – o)*
nil	[nɪl]	für Sportergebnisse: *The match ended 5:0 (five nil).*
love	[lʌv]	beim Tennis: *15:0 (fifteen love)*

32 Cardinal numbers

Written and spoken forms

3. Hinweise zu den Ordnungszahlen

the twenty-first, the thirty-second, the hundred and third the fourth, the fifth, the sixth, etc. the twentieth ['twentɪəθ]	*First, second, third* sind unregelmäßige Formen. Sie werden auch bei zusammengesetzten Ordnungszahlen verwendet. Alle anderen Ordnungszahlen werden auf *-th* gebildet. Beachte jedoch die fett gedruckten Formen in der Tabelle (S. 43) sowie die Zehnerzahlen auf *-tieth* (zwei Silben).
1st – fir**st** 2nd – seco**nd** 3rd – thi**rd** 4th – four**th** 21st – twenty-fir**st**, etc.	Nach einer Ordnungszahl in Ziffernschreibweise steht nicht wie im Deutschen ein Punkt, sondern es werden die beiden letzten Buchstaben des Wortes angefügt.
Henry VIII (Henry the Eighth) Elizabeth II (Elizabeth the Second)	Auch die römischen Ziffern nach Herrschernamen stehen ohne Punkt, werden aber als Ordnungszahlen gesprochen.
1/3 a / one third 2/3 two thirds 7/8 seven eighths	Bei Bruchzahlen wird der Nenner mit Hilfe einer Ordnungszahl gebildet. (Ausnahmen: *1/2 a half, 1/4 a quarter, 3/4 three quarters;* AE aber: *1/4 a fourth, 3/4 three fourths)*

33 Das Datum

Schreibung	Aussprache
2 June 1999; 2nd June 1999; June 2nd, 1999; 2/6/1999; 2.6.99 6 May 2044; 6th May 2044; May 6th, 2044; 6/5/2044; 6.5.2044	"The second of June, nineteen ninety-nine"; "June the second, nineteen ninety-nine" "The sixth of May / May the sixth, two thousand and forty-four / twenty forty-four"

* Britische Schreibweise:
24.12.99 (Tag, Monat, Jahr)

Amerikanische Schreibweise:
12. 24. 99 (Monat, Tag, Jahr)

34 Wiederholungszahlen

My father usually goes to the library **once** a week. "Titanic" is Mum's favourite film. She saw it **twice** at the cinema, and she's watched the video **three** or **four times.**	Mit Ausnahme von *once* und *twice* werden Wiederholungszahlen aus der Grundzahl und *times* gebildet.

35 Die Uhrzeit

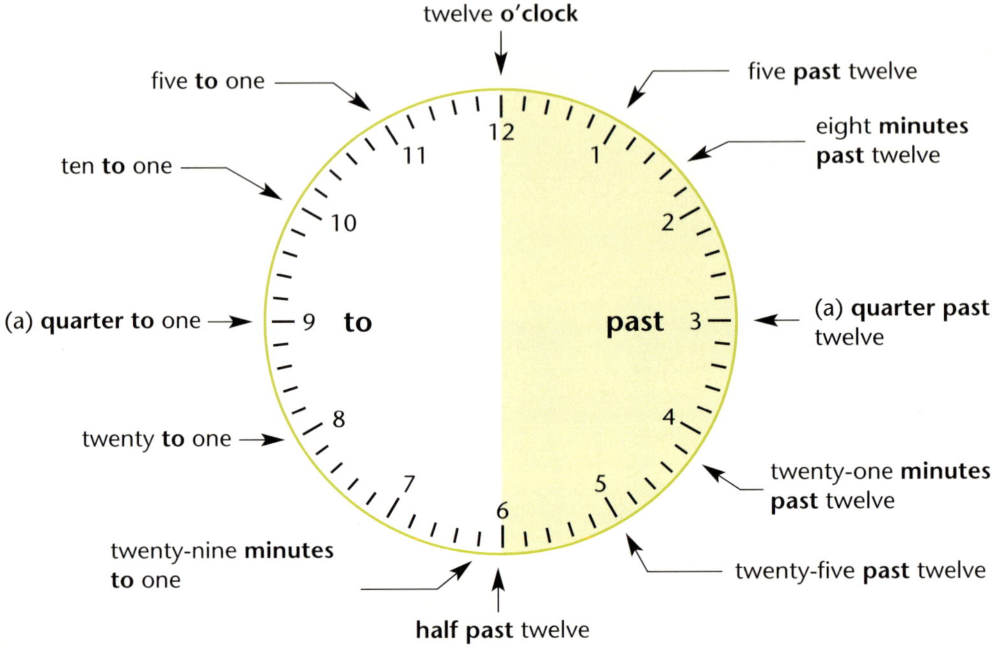

Die Zeitangaben der ersten halben Stunde (einschließlich!) bezieht man im Englischen auf die vorangehende Stunde (vgl. *half* ***past*** ***<u>twelve</u>*** – halb **eins**). Die Zeitangaben der zweiten halben Stunde bezieht man auf die folgende Stunde (vgl. *quarter* ***to*** ***<u>one</u>***).

It's **five** (minutes) past twelve. It's **six minutes** past twelve.

Bei Fünferzahlen (5, 10, 15 usw.) wird das Wort *minutes* gewöhnlich weggelassen. Bei Zahlen, die nicht durch 5 teilbar sind, muss *minutes* jedoch stehen.

1 Man kann – ähnlich wie im Deutschen – auch zuerst die Stunde, dann die Minuten nennen. Dies ist vor allem bei Programmansagen und Fahrplänen üblich. Dabei werden die Stunden oft von 0 bis 24 Uhr gezählt.

It's 12.15 ("twelve fifteen") / 8.30 ("eight thirty") / 9.59 ("nine fifty-nine"). The plane will take off at 18.00 ("eighteen hours", AE auch "eighteen hundred hours"). It will land at 20.05 ("twenty-o [əʊ] five").

2 Um Verwechslungen zu vermeiden, kann man die Stunden von 0 bis 12 auch durch *a.m.* [ˌeɪˈem] (lat. *ante meridiem* = „**vor** Mittag") bezeichnen, die Stunden von 12 bis 24 Uhr mit *p.m.* [ˌpiːˈem] (lat. *post meridiem* = „**nach** Mittag").

Most London museums are open between **10 a.m.** and **5** or **6 p.m.** from Monday to Saturday, and from **2** or **2.30 p.m.** on Sundays.

35 Telling the time

O'clock for the full hour, *past* for the first half-hour and *to* for the second half-hour

36 Präpositionen in Zeitangaben

1. Uhrzeiten und Tageszeiten

at six o'clock – um 6 Uhr
at noon – um 12 Uhr mittags
at midnight – um Mitternacht

0 1 2 3 4 5 6 7 8 9 10 11 12 1 2 3 4 5 6 7 8 9 10 11 12

- 0–12: **in** the morning – am Morgen / Vormittag
- 12–5: **in** the afternoon – am Nachmittag
- 6–9: **in** the evening – am Abend
- 10–12: **at** night – in der Nacht

Beachte:

in the morning **in** the evening	◀ Zeit**raum** (aber: **at** night)	**!** **on** the morning / evening ***of December 25th***	an einem **bestimmten** Morgen / Abend / Nachmittag
at six o'clock	◀ Zeit**punkt**	**on *that*** afternoon	

2. Wochentage, Festtage, Monate, Jahreszeiten und Jahreszahlen

Monday, Tuesday, Wednesday, Thursday, Friday, Saturday, Sunday

January, February, March, April, May, June, July, August, September, October, November, December

spring, summer, autumn (AE: fall), winter

***in:* Monat, Jahr, Jahreszeit**

in January
in 1999 (im Jahr) 1999
in (the) spring, **in** (the) summer,
in (the) autumn / fall, **in** (the) winter
in the winter of 1998

***at:* Festtage wie Ostern, Weihnachten**

at Easter (time), **at** Christmas (time)

***on:* Wochentag, Tag des Monats, bestimmter Festtag**

on Monday, **on** Tuesday usw.
on the 12th of December
on my birthday, **on** Christmas Day,
on Easter Sunday

Ohne Präposition bei *next, last*

last Friday (am) letzten Freitag
last January (im) letzten Januar
next winter (im) nächsten Winter

3. Weitere Präpositionen in Zeitangaben

We'll leave **after** breakfast.
Try to be here **before** 8 o'clock.
I met him two days **ago.**
I haven't seen her **since** Monday.
I haven't seen her **for** three days.
We'll be away **for** two weeks.
The show starts sometime **between** 9 and 10 p.m.
We watched TV **till / until** midnight.
We did**n't** go to bed **till / until** very late.
The programme will be **from** 10 **to / till** 12 p.m.
Could you please be ready **by** seven?

after	nach
before	vor
... ago	vor (dem jetzigen Zeitpunkt)
since	seit (einem Zeitpunkt)
for	seit (einem Zeitraum), (eine bestimmte Zeit) lang
between	zwischen
till/until	bis
not ... till/until	erst
from ... to/ till/until	von ... bis
by	bis (spätestens)

37 Präpositionen in Orts- und Richtungsangaben

1. Ortspräpositionen

by, near	the door
at / **under** / **on** / **over**	the table
above / **below**	the bookshelf
in front of / **behind** / **in** / **outside**	the house
against	the wall
round	the fire
opposite	the other girl
among	his friends
between	her parents
beside, next to	her mother

* Neben *in front of* kommt gelegentlich auch *before* in örtlichem Sinn vor:

An enormous dog stood **before** him on the path.

36 Prepositions in expressions of time
The use of *after, before, since, for,* etc.

37 Prepositions in expressions of place
The use of *by, near, at, under, on,* etc.

2. Richtungspräpositionen

on, onto **from, off**	}	the roof
over		the fence
towards **to** **into** **out of** **past**	}	the house
along **across**	}	the road
after		the dog
up **down**	}	the hill
through **round**	}	the trees

! Beachte folgende Ausdrücke

at the table	**am** Tisch	**in** the street	**auf** der Straße
on the wall	**an** der Wand	**in** the picture	**auf** dem Bild

1 ***at/in*** **bei Städten und Dörfern:**

I live **in** London and my friend lives **in** Cardiff. — *in:* Der Ort wird als (Wohn-/ Lebens-)Raum betrachtet.

I don't think this train stops **at** York. — *at:* Der Ort wird als Punkt (auf der Reiseroute) betrachtet.

with/at **bei Personen:**

Since his parents died he has been living **with** his aunt. — ... **bei** seiner Tante (ständig).

He always spends his summer holidays **at** his aunt**'s.** — ... **bei** seiner Tante (vorübergehend). (Zum *s*-Genitiv vgl. **13**.)

into/in **bei Richtungsangaben:**

She went **into** the snack-bar to have a cup of coffee. — Bei Richtungsangaben erscheint normalerweise *into.*

She puts lots of sugar **in** her coffee. — Nach *put* ist jedoch *in* gebräuchlich.

2 Im amerikanischen Englisch wird statt *out of* häufig einfach *out* verwendet:

He looked **out** the window. — ... aus dem Fenster.

37 Prepositions in expressions of direction

The use of *on, onto, from, off,* etc.

Kapitel 7

Das Adjektiv

38 Attributiver und prädikativer Gebrauch von Adjektiven

Bei den meisten Adjektiven gibt es zwei Stellungsmöglichkeiten:

Adj. Nomen
What a **nice balloon**!

Das Adjektiv kann **direkt vor einem Nomen** stehen.
In diesem Fall spricht man vom **attributivem** Gebrauch des Adjektivs.

Verb Adj.
Oh yes, that **balloon** ***is*** **nice.**

Das Adjektiv kann aber auch nach bestimmten Verben stehen, vor allem nach *be*. Man spricht hier vom **prädikativen** Gebrauch des Adjektivs. Obwohl es **nicht direkt beim Nomen** steht, bezeichnet es eine Eigenschaft des Nomens.

Nur prädikativ gebrauchte Adjektive	
The dog was **asleep** in front of the fire. We often went to Lincoln when Grandpa was still **alive.** There's no danger. Don't be **afraid.** I was so sleepy, I was only half **aware** of what was going on. I don't mind being **alone** in the house at night.	**Aber:** Let **sleeping** dogs lie. **Aber:** The characters in this book are not based in any way on **living** persons. **Aber: Frightened** animals sometimes attack unexpectedly. **Aber:** After the operation she was in a semi-**conscious** state for several hours. **Aber:** "The **Lone** Ranger" used to be a popular western series on TV.
Einige Adjektive können nur prädikativ, z. B. nach *be* verwendet werden. Dazu gehören *alive, afraid, asleep, awake* und *aware* (bewusst). Oft gibt es Adjektive mit ähnlicher Bedeutung, die attributiv gebraucht werden, also vor einem Nomen stehen können.	
My friend is **ill.** ... ist **krank.**	**Aber:** The doctor examined the **sick** child. ... das **kranke** Kind.
Das Adjektiv *ill* wird in der Bedeutung *krank* meistens nur prädikativ gebraucht. Vor Nomen (attributiv) verwendet man *sick*.	

38 Position of adjectives

Adjectives can be placed before a noun (attributive use) or after certain verbs, especially after *be* (predicative use). Some adjectives are normally used only predicatively, e.g. *afraid, alive, asleep*.

1 Wenn *sick* prädikativ gebraucht wird, ist es doppeldeutig:

She was **sick**. = Ihr war übel. / Sie übergab sich. Oder: Sie war krank.

2 Einige Adjektive werden nur attributiv gebraucht, z. B. *only, main*:

the **only** chance die einzige Chance   the **main** entrance der Haupteingang

39 Das Adjektiv nach bestimmten Verben

be, seem, feel, remain, stay, keep

This big room ***is* great** for parties.
Grandma ***seems* happy** in her new flat.
Do you ***feel* sad** about leaving London?
After the Wilsons moved, their house ***remained* empty** for a while.
I'd love to live somewhere where the weather ***stays* mild** all year.
I think it'll ***keep* sunny** today.

Ein Adjektiv erscheint nach Verben, die auf einen Zustand oder eine Eigenschaft verweisen.

become, get, grow, go, turn

You'll need a coat. It's ***becoming*/*getting*** quite **cool** in the mornings now.
It was ***growing* dark** as I started home across the fields.
Hurry up – before the traffic lights ***go* red!**
Don't take Foxy's bone away – she might ***turn* nasty.**

Diese Verben entsprechen dem deutschen *werden*. Sie verweisen auf einen zukünftigen Zustand und haben daher ebenfalls ein Adjektiv nach sich.

look, smell, taste, sound

Those cakes ***look* nice,** don't they?
The fish and chips ***smell* fantastic.**
Let's hope they ***taste* good.**
"Upside down apple pie" – that ***sounds* interesting.**

Wenn diese Verben das Aussehen, den Geruch, den Geschmack oder den Klang von etwas beschreiben, haben sie ein Adjektiv bei sich. (Vgl. *!)

39 Certain verbs are followed by an adjective

Verbs describing a state or quality *(be, seem, feel, keep, remain, stay)*, verbs referring to a future state *(become, get, grow)* and the verbs *smell, look, taste, sound* if they refer to the smell, the look, the taste or the sound of something.

strong

stronger

strongest

Die Verben *look, taste, smell, sound* können auch Tätigkeiten beschreiben und dann ein Adverb bei sich haben:

Sinneswahrnehmung + Adjektiv	Tätigkeit + Adverb
The soup *tasted* **awful.**	The cook *tasted* the soup **carefully.**
Die Suppe *schmeckte* scheußlich.	... *probierte* die Suppe vorsichtig.
These salmon steaks *look* **fantastic.** ... *sehen* köstlich *aus.*	The cat *looked* at the fish **hopefully.** ... *sah* den Fisch voller Hoffnung *an.*

40 Die Steigerung des Adjektivs

What things or people can be like:	**Steigerung mit *-er/-est***		
	Grundform	*Komparativ*	*Superlativ*
a day:	**cold**	**colder**	**coldest**
a town:	**big**	**bigger**	**biggest**
a T-shirt:	**nice**	**nicer**	**nicest**
coffee:	**strong** [strɒŋ]	**stronger** ['strɒŋgə]	**strongest** ['strɒŋgɪst]
a method:	**simple**	**simpler**	**simplest**
a dog:	**clever**	**cleverer**	**cleverest**
a road:	**narrow**	**narrower**	**narrowest**
a joke:	**funny**	**funnier**	**funniest**
	Steigerung mit *more/most*		
	Grundform	*Komparativ*	*Superlativ*
a picture:	**beautiful**	**more beautiful**	**most beautiful**
a measurement	**exact**	**more exact**	**most exact**
a film star:	**famous**	**more famous**	**most famous**
	Unregelmäßige Steigerung		
	Grundform	*Komparativ*	*Superlativ*
an idea:	**good**	**better**	**best**
an accident:	**bad**	**worse**	**worst**
visitors:	**many**	**more**	**most**
money:	**much**	**more**	**most**
work:	**little**	**less**	**least**

Auf *-er/-est* werden gesteigert:
- alle einsilbigen Adjektive.
  Beachte beim Schreiben:
  Der Endkonsonant wird nach kurzem Vokal verdoppelt.
  Das stumme End-*e* entfällt.

  Beachte beim Sprechen: Nach *-ng* wird zusätzlich ein [g] gesprochen.
- zweisilbige Adjektive auf *-le, -er, -y* und *-ow.*
  Beachte beim Schreiben:
  -y wird zu *-i-*.

Mit *more/most* werden gesteigert:
- alle Adjektive mit mehr als zwei Silben,
- die meisten zweisilbigen Adjektive, die nicht auf *-y, -le, -er, -ow* enden, z. B. *nervous, famous, exact.*

Unregelmäßige Steigerung haben: *good, bad* sowie die Mengenangaben *many, much, little.*

! *Little = klein* kann nicht gesteigert werden. Stattdessen benützt man *smaller – smallest.*

40 Comparative and superlative forms of adjectives

-er/-est are used with all adjectives of one syllable and some adjectives with two syllables. *More/most* are used with all adjectives of more than two syllables. *Good, bad* and *many, much, little* have irregular comparative and superlative forms.

! *Nearest* bezeichnet das räumlich Nächstgelegene, *next* das Nächste in der Reihenfolge:

Where is the **nearest** bus stop, please?
We must get off at the **next** stop.

Beachte den Unterschied zwischen *latest* und *last:*
her latest film (ihr letzter = neuester Film) – *her last film* (= der letzte, den sie überhaupt gedreht hat)

1 Vor Verwandtschaftsbezeichnungen werden statt der Normalform *older/oldest* auch die Sonderformen *elder/eldest* verwendet. In Vergleichen verwendet man aber immer die normale Komparativform *older.*

My **eldest** brother lives in the States. I also have an **elder** sister there.
Aber: My sister is three years **older** than I am.

2 Die Steigerungsformen zu *far* sind *further/furthest* oder – seltener – *farther/farthest.* Im Sinn von *zusätzlich* wird nur *further* verwendet.

We could go to the Tower now. It's not **far** from here.
Buckingham Palace is much **further / farther** away.
Please contact the tourist office for **further** information.

41 Vergleiche mit Adjektiven

Gleichheit

■ = □ **as** big **as**
as important **as**

New York is about **as big as** London.
A weekend in Edinburgh can be **as exciting as** one in London.

! *Than* darf nicht mit *then* verwechselt werden:
You'll find the boat trip to the Tower far more interesting **than** going there by tube. First you see the Houses of Parliament and Big Ben, **then** you go down the Thames past St Paul's to Tower Bridge.

Ungleichheit

■ > □ bigger **than** [ðən]
more important **than**

Windsor Castle is **bigger than** Buckingham Palace, and much older.
Living in a large modern city is **more dangerous than** living in the country.

□ < ■ **not as** big **as**
(seltener: **not so** big **as**)

Cologne is **not as big as** London.
(Cologne is **not so big as** London.)
Most people would agree that Birmingham is **not as interesting as** London. (… **not so** … **as** …)

1 Vergleiche mit … *less* … *than* (weniger … als) haben etwa die gleiche Bedeutung wie Vergleiche mit *not as … as:*

Most people would agree that Birmingham is **not as interesting as / less interesting than** London.

41 Making comparisons
If there is no difference between the people or things compared, *as … as* is used; if there is a difference the *comparative* + *than* or *not … as* must be used.

2 Der Ausdruck *je … desto* wird im Englischen durch *the … the …* (jeweils mit Komparativ) wiedergegeben.

The bigger a city is, **the more difficult** it is to find one's way around.	Je größer …, desto schwieriger …

3 Zum Ausdruck der stetigen Steigerung verbindet man im Englischen zwei Komparativformen mit *and:*

Air pollution in this country is getting **worse and worse** as the roads get **more and more crowded.**	… immer schlimmer … immer überfüllter …

The High Street is **the busiest** street in town.
… die belebteste Straße …
The High Street is **(the) busiest** between 4 and 5 p.m. … am belebtesten …

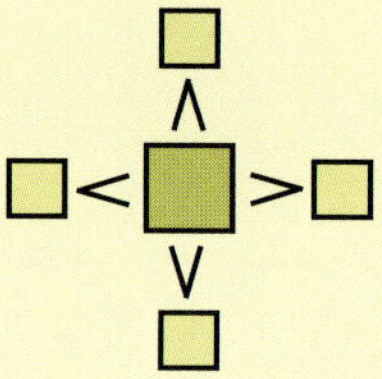

Der Superlativ beinhaltet ebenfalls eine Art von Vergleich: *The High Street is the busiest in town = busier than all the others.* Für das Deutsche *am* + Superlativ steht im Englischen einfach der Superlativ.

42 Das Stützwort *one/ones* beim Adjektiv

Vorher genanntes Nomen ersetzt durch *one/ones*

Which of these **pullovers** do you like best? – The red **one** with the round neck.
Den roten mit dem runden Halsausschnitt.
I've had these **winter boots** for ages. I really need some new **ones.**
Ich brauche wirklich neue.

Soll ein zählbares Nomen nicht wiederholt werden, so wird es durch *one/ones* ersetzt. *One* ersetzt ein Nomen im Singular, *ones* ein Nomen im Plural.
Das Adjektiv kann hier nicht – wie im Deutschen – allein stehen.

41 Making comparisons
A superlative is also a kind of comparison, e.g. *the busiest street = busier than all the others.*

42 The prop-word *one/ones*
The prop-word *one/ones* is used to avoid repeating a countable noun. A singular noun is replaced by *one,* a plural noun by *ones.*

1 Das Stützwort *one/ones* ersetzt ein zählbares Nomen auch nach *the, this, that* und *which*. Nach *the* muss es stehen, nach *this/that* ist es üblich, und nach *which* kann es stehen.

This **clock**'s quite nice, but I think I prefer **the one** over there.
Look, this is **the one** I wanted to show you.
Let's decide on **this one** then. Or **which (one)** would you rather have?

2 Nach Ordnungszahlen und Superlativen kann das Stützwort entfallen.

Which **train** shall we take? – Let's take **the first (one)**.
I got **tickets** for the show, but not **the most expensive (ones)**.

43 Das Adjektiv als Nomen

Im Gegensatz zum Deutschen können Adjektive im Englischen nur in bestimmten Fällen als Nomen benutzt werden.

Gesamtgruppe von Personen: ***the* + Adjektiv**	**Einzelne Person:** **Adjektiv + Nomen**
The blind are usually educated at special schools. Die Blinden ... Many people have no idea of the problems facing **the homeless** in big cities. ... die Obdachlosen ... The BBC produce some good programmes for **the** very **young**. ... für die ganz Kleinen.	**A blind man** stood at the side of the road with his guide dog. Ein Blinder ... We saw **a lot of homeless people** sitting on the street corner when we came out of the theatre. ... viele Obdachlose ... **The little girl** looks very much like her mother. Die Kleine ...
Als Nomen gebrauchte Adjektive beziehen sich auf die Gesamtheit einer Gruppe von Menschen: *the blind* = die Blinden allgemein, alle Blinden. Sie werden wie Pluralformen verwendet (vgl.: *The blind **are*** ...), haben aber kein Plural-*s*.	Sind einzelne Personen gemeint, so muss das Adjektiv durch ein Nomen wie *person, man, boy, girl, woman, people* ergänzt werden. Man kann nicht wie im Deutschen das Adjektiv für sich allein verwenden.

There are some good programmes for the very young.

43 Adjectives used as nouns

The + adjective can only be used for a whole class of people *(the blind = **all** blind people)*. To refer to individual people a noun such as *person, man, woman,* etc. is added.

Adjektive als echte Nomen

There are a few **blacks** in our area, but they don't mix much with **the whites.**
I'm wondering whether to vote for **the Greens** in the next election.
My grandfather has always been **a** traditional **Conservative,** but my parents are both **Liberals.**
Will there ever be an end to the troubles between **Catholics** and **Protestants** in Northern Ireland?

Einige Adjektive können als echte Nomen mit Singular und Plural verwendet werden. Sie können eine Gruppe und auch einzelne Personen bezeichnen.

The + Adjektiv kann auch zum Ausdruck eines allgemeinen abstrakten Begriffs verwendet werden. Wenn jedoch ein bestimmter Fall gemeint ist (hier: *our evening paper*), dann muss das Adjektiv durch ein Nomen wie *thing* ergänzt werden.

The popular papers give a lot of emphasis to **the sensational.**	... betonen sehr **das Sensationelle.**
The good thing about our evening paper is that it gives all the local news.	**Das Gute** an unserer Abendzeitung ist, ...

44 Adjektive und Nomen als Nationalitätsbezeichnungen

country	adjective	individuals	the people
America	an **American** car	an American	the Americans
Canada	a **Canadian** firm	a Canadian	the Canadians
Germany	a **German** stamp	a German	the Germans
Adjektive auf *-an* oder *-ian* werden wie normale Nomen mit Plural-*s* gebraucht.			
Japan	a **Japanese** camera	a Japanese	the Japanese
China	a **Chinese** restaurant	a Chinese	the Chinese
Portugal	a **Portuguese** ship	a Portuguese	the Portuguese
Nationalitätsbezeichnungen auf *-ese* haben im Plural nie ein *-s*.			

Wie Nationalitätsbezeichnungen auf *-ese* verhält sich auch *Swiss:*

Switzerland – a **Swiss** bank – a Swiss – the Swiss

43 Adjectives used as nouns
A few adjectives can be used as real nouns, with singular and plural forms *(e.g. the Greens, a Conservative).*

44 Adjectives and nouns expressing nationality
Adjectives and nouns ending in *-an*, *-ian* and *-ese*

country	adjective	individuals	the people
England	an **English** pub	an Englishman / an Englishwoman	the English
France	a **French** film	a Frenchman / a Frenchwoman	the French
Spain	a **Spanish** dance	a Spaniard	the Spanish, the Spaniards
Ireland	an **Irish** folksong	an Irishman / an Irishwoman	the Irish
Britain	a **British** plane	a Briton	the British
Scotland	a **Scottish** name	a Scot, a Scotsman / a Scotswoman	the Scots, the Scottish
Wales	a **Welsh** song	a Welshman / a Welshwoman	the Welsh

Adjektive auf *-sh* und *-ch* werden nur zur Bezeichnung des ganzen Volkes verwendet, und zwar mit Artikel, aber ohne Plural-*s*. Für Einzelpersonen werden Zusammensetzungen mit *-man/-woman, boy, girl* oder besondere Nomen verwendet (z. B. *a Briton, a Scot*).

! Beachte die Schreibung:

(in) **Britain** ['brɪtn] (in) Großbritannien
(a) **Briton** ['brɪtn] (ein) Brite / (eine) Britin

44 Adjectives and nouns expressing nationality

Adjectives and nouns ending in *-ish* and *-ch*

Kapitel 8

Adverbien und adverbiale Bestimmungen

45 Adverb und Adjektiv

Im Deutschen haben die Adverbien und Adjektive oft die gleiche Form (vgl.: *sie ist* ***vorsichtig*** – Adjektiv; *sie fährt* ***vorsichtig*** – Adverb). Im Englischen verwendet man dagegen verschiedene Formen:

Adjektiv	Adverb mit der Endung *-ly*
She is a **careful** driver. She is very **careful.**	She drives **carefully.**
Das Adjektiv gibt an, wie eine Person oder Sache **ist**. Es steht vor einem Nomen *(careful driver)* oder nach dem Verb *be (is careful)* (attributiver und prädikativer Gebrauch, vgl. **38**).	Das Adverb gehört hier zum Verb. Es gibt an, wie eine Tätigkeit **ausgeführt wird**, bzw. wie etwas **geschieht:** **How** does she drive? – She drives **carefully.**

Wortgruppen wie *in New York, last night, next year, every Saturday, five years ago* werden als **zusammengesetzte adverbiale Bestimmungen** bezeichnet. Sie sind keine Adverbien im engeren Sinn, erfüllen jedoch eine **adverbiale Funktion** im Satz (vgl. **56**).

We will be arriving **soon.**	(Adverb)	= Adverbiale Bestimmung
We will be arriving **in a few days.**	(Wortgruppe)	

45 Adverbs und adjectives

An adjective describes what a person or thing **is like.** An adverb describes the way in which something **is done.**

46 Die Formen des Adverbs

1. *-ly*-Adverbien

Adjektiv	Adverb
It was a **bad** accident.	Several people were **badly** injured.
The bus driver was **angry.**	He shouted at us **angrily.**
I've had a **terrible** day.	I'm **terribly** tired.
Dick told me the **whole** story. I shouldn't have got so angry, that's **true.** Harry is sometimes very **rude.**	It wasn't **wholly** his fault. I'm **truly** sorry about what happened. He spoke to me very **rudely** when I offered to help.
It was an **automatic** reaction.	He braked **automatically** when he saw the lorry on the wrong side of the road.
The police did a **good** job.	They did their job **well.**

Die meisten Adverbien werden aus Adjektiven gebildet, indem man *-ly* hinzufügt. Beachte dabei:
- *-y* wird zu *-ily* (Ausnahme: *shyly*).
- Die Adjektivendung *-le* nach Konsonant entfällt.
- Das stumme End-*e* entfällt bei *whole/wholly* und bei *true/truly,* sonst bleibt es erhalten.
- *ic* wird zu *-ically.*

! Die Adverbform zum Adjektiv *good* ist *well.*

In der Umgangssprache werden auch Adverbien benutzt, die aus Nomen + *-wise* bestehen.

Trafficwise we had a good journey, but **weatherwise** it was a disaster.

2. Adverbien mit gleicher Form wie Adjektive

Adjektiv	Adverb
It's a **fast** train. We had a very **long** journey. Sports cars always have **low** seats. Do you get a **daily** paper? We'll take the **early** train.	It travels very **fast.** The crossing didn't take **long.** That plane is flying very **low.** Our paper is delivered **daily.** We'll have to get up **early** to catch the train.

Dazu gehören:
- einige einsilbige Adverbien wie *fast, long, low,*
- Häufigkeitsadverbien wie *daily, weekly, yearly* und das Zeitadverb *early.*

46 The formation of adverbs

Most adverbs are formed by adding *-ly* to the adjective. Some adverbs *(fast, long, low, daily, early)* have the same form as adjectives.

3. Adverbien, die nicht von Adjektiven abgeleitet sind

Please write your name and address up **there,** and sign the form **here.**
Hasn't there been any post **today**? – Not **yet,** but I expect the postman will be coming **soon.**
Carol **often** used to ring me up, but I **never** hear from her **now.**

Zu diesen „ursprünglichen Adverbien" gehören vor allem die Ortsadverbien *here* und *there,* Zeitadverbien wie *today, now, then, still, soon, yet* und Häufigkeitsadverbien wie *often, sometimes, never.*

1 Zu bestimmten Adjektiven, z. B. *friendly, difficult,* kann man keine Adverbien bilden. Man benützt statt dessen Umschreibungen, die allerdings förmlich klingen:

Our new neighbours are so **friendly.** When I saw them in their car yesterday, they waved **in a very friendly way.**
Life has been very **difficult** for Jack since his accident. He can walk again, but only **with great difficulty.**

2 In der Umgangssprache treten gelegentlich statt *-ly*-Adverbien auch endungslose Formen auf:

Come here **quick!** The road's bad here, so go **slow.**
Just act **normal** – take no notice of the dog.
He gets **real** excited when visitors come.

47 Doppelformen mit unterschiedlicher Bedeutung

Zu einigen Adverbien gibt es sowohl eine endungslose Form als auch eine Form auf *-ly.* Beide Formen haben unterschiedliche Bedeutung.

You've been practising very **hard** for Sports Day. – Yes, but I **hardly** think I'll have a chance against Paul in the 100 metres.	Du hast **hart** … trainiert. … ich glaube **kaum,** …
If you can't play **fair,** you'd better not play at all. Ben is a **fairly** talented player, but he still has a lot to learn.	Wenn du nicht **fair** spielen kannst … …ein **ziemlich** begabter Spieler …

46 The formation of adverbs
Some adverbs have no corresponding adjectives *(here, there, soon, yet, often, sometimes, never).*

47 Double forms of adverbs with different meanings
(hard = hart; hardly = kaum)

I've **just** read that Smith has been dropped from the basketball team.	Ich habe **gerade** gelesen, ...
In my opinion the decision was **justly** made.	... wurde die Entscheidung **zu Recht** getroffen.
You got back from the club very **late** again yesterday.	... sehr **spät** ...
Don't you think you've been spending rather too much time up there **lately**?	... **in letzter Zeit** ...
The Christmas party at the youth club was **pretty** good this year, I thought.	... **ziemlich** gut ...
Wasn't the Christmas tree **prettily** decorated?	... **hübsch** geschmückt?

* Beachte den Bedeutungsunterschied zwischen der Verwendung von *well* als Adjektiv und als Adverb:

My father is not **well.** (Adjektiv)	Mein Vater ist nicht gesund. (Meinem Vater geht es nicht gut.)
He doesn't sleep **well.** (Adverb)	Er schläft nicht gut.

48 Das Adverb: Steigerung und Vergleich

1. Die Bildung von Komparativ und Superlativ

Adverbien steigert man wie Adjektive auf drei unterschiedliche Arten (vgl. **40**):

How you can do things:	*Grundform*	*Komparativ*	*Superlativ*
work:	**hard**	**harder**	**hardest**
take notes:	**fast**	**faster**	**fastest**
speak:	**clearly**	**more clearly**	**most clearly**
listen:	**carefully**	**more carefully**	**most carefully**
use a dictionary:	**often**	**more often**	**most often**
speak a language:	**well**	**better**	**best**
write:	**badly**	**worse**	**worst**
talk:	**little**	**less**	**least**
enjoy reading:	very **much**	**more**	**most**

1. Auf *-er/-est* gesteigert werden einsilbige Adverbien.
2. Auf *more/most* gesteigert werden:
   - Adverbien auf *-ly* (Ausnahme: *early – earlier – earliest*),
   - andere mehrsilbige Adverbien.
3. Unregelmäßige Steigerung haben: *well, badly, little, much.*

2. Das Adverb in Vergleichen

You've only just passed your driving test, so you can't expect to drive **as well as** Kate yet. ... so gut wie ...
My mother drives **faster than** my father. ... schneller als ...
The train gets to Bristol **more quickly than** the coach. ... schneller als ...
The buses here don't run **as regularly as** I thought. ... nicht so regelmäßig wie ...

In Vergleichssätzen mit Adverbien werden dieselben Konstruktionen benutzt wie beim Adjektiv (vgl. ■ **41**).

Most kann auch die Bedeutung „sehr / äußerst / höchst" haben:

Did your mother cut your hair herself? I must say, she's done it **most professionally.** ... sehr professionell ...

■ 49 Übersicht über die Bedeutungsgruppen von Adverbien

Adverbien

Satzverknüpfende Adverbien
No one saw him do it. **Therefore** the court can't prove him guilty. (⇛ ■ **55.2**)

Kommentierende Adverbien
Fortunately, there was no one from the press in the courtroom. (⇛ ■ **55.1**)

Orts- und Richtungsadverbien
A police car was waiting **outside.**
We went **upstairs** to the courtroom. (⇛ ■ **54**)

Adverbien der Art und Weise
He looked at the judge **nervously.** (⇛ ■ **50**)

Gradadverbien
It was an **extremely** brutal crime. (⇛ ■ **51**)

Adverbien der Zeit und Häufigkeit

unbestimmt	bestimmt
I have **never** seen a trial before. (⇛ ■ **52**)	The trial began **yesterday**. (⇛ ■ **53**)

■ 48 Making comparisons with adverbs
Here the same constructions are used as with adjectives.

■ 49 Groups of adverbs
Adverbs can be grouped into adverbs of *manner*, of *degree*, of *definite* and *indefinite time* and *frequency*, adverbs of *place* and *direction*, of *comment* and *linking adverbs*.

50 Adverbien der Art und Weise

Adverbien der Art und Weise beschreiben, wie eine Handlung durchgeführt wird. Zu ihnen gehören die meisten *-ly*-Adverbien (vgl. **45**–**46.1**), außerdem einige endungslose Adverbien wie *fast* und *well*.

Anfangsstellung		Binnenstellung		Endstellung
	Subjekt		Verb (+ direktes Objekt)	
		Adverb der Art und Weise		
	Sarah		makes friends	**easily.**
	Sarah	**easily**	makes friends.	

Endstellung: nach dem Verb (+ direktem Objekt)	
Emma *talks* **quietly.** We all *listened* **carefully.** I thought Mark *read the poem* **beautifully.** He *acted his part* **well**, didn't he?	Das Adverb der Art und Weise steht direkt nach Verben ohne Objekt. Hat das Verb ein direktes Objekt, so folgt das Adverb erst nach diesem Objekt.
Binnenstellung: vor dem Verb	
Tajmina **slowly** *began* to realize the truth. Now she *could* **easily** *imagine* why they hadn't given her the job. She *hadn't been* **fully** *accepted* as a candidate because she was a Muslim.	Das Adverb der Art und Weise kann auch vor dem Vollverb stehen, wenn es weniger wichtig ist als der Rest des Satzes. Sind Hilfsverben vorhanden, so steht das Adverb zwischen dem letzten Hilfsverb und dem Vollverb.

! Im Gegensatz zum Deutschen kann das Adverb der Art und Weise nie zwischen Verb und direktem Objekt stehen. Vergleiche:

Er	nahm	schnell	das Geld.
He	quickly	took	the money.

50 Adverbs of manner

They are placed in end position after the verb (+ object) or in mid position; they never appear between the verb and the direct object.

51 Gradadverbien

Gradadverbien werden verwendet, um ein anderes Wort zu verstärken oder abzuschwächen. Zu ihnen gehören *-ly*-Adverbien wie *terribly, extremely, completely, especially, really* und *only,* aber auch endungslose Formen wie *very, pretty* (ziemlich), *almost, much* und *quite.*

Stellung: vor dem zugehörigen Adjektiv, Adverb oder Verb	
That was a **very** good idea. **Extremely** clever, in fact.	... eine sehr gute Idee. Außerordentlich klug ...
I'm **terribly** sorry, but I don't think so.	Es tut mir sehr leid, ...
I've got a **much** better plan.	Ich habe einen viel besseren Plan.
I **completely** agree with you.	Ich bin ganz Ihrer Meinung.
You're **absolutely** right.	Sie haben vollkommen Recht.
I **only** wanted to help.	Ich wollte nur helfen.
Don't worry, I **quite** understand.	... Ich verstehe vollkommen.
Not bad. You've thought it all out **quite** well.	... ganz gut ...
I expect we'll solve the problem **pretty** quickly.	... ziemlich schnell ...
We've **almost** got the answer now.	Wir haben jetzt schon fast die Lösung.

1 Wie das deutsche *genug* wird *enough* als Adverb nachgestellt. Als Mengenangabe beim Nomen wird es jedoch vorangestellt.

He simply isn't good **enough** for the first team.	Er ist einfach nicht gut genug ...
He hasn't got **enough** experience.	Er hat nicht genug Erfahrung.

2 Zu den einschränkenden Gradadverbien wie *hardly, scarcely* usw. Vgl. **152**.

51 Adverbs of degree

They include adverbs such as *terribly, extremely, completely, very, pretty* (ziemlich), *much* or *quite.* They are placed before the word to which they refer.

52 Adverbien der unbestimmten Zeit und Häufigkeit

Zu den Adverbien der unbestimmten Zeit und Häufigkeit gehören *already, just, soon, now, often, usually, always, mostly, sometimes, never, hardly.*
Adverbien der unbestimmten Zeit und Häufigkeit haben meist Binnenstellung.

Anfangsstellung	Subjekt	Binnenstellung	Verb (+ direktes Objekt)	Endstellung
		Adverb der *unbestimmten* Zeit und Häufigkeit		
	We	**always**	buy drinks in returnable bottles.	

Stellung in Sätzen mit einfachem Vollverb

People **often** *throw* their rubbish into the river here.	... werfen ... oft ...
The water **never** *looks* very clean.	... sieht nie sehr sauber aus.
Aber: The ducks *are* **usually** over there by the bridge.	... sind gewöhnlich ...

Enthält der Satz nur ein Vollverb, so steht das Adverb davor.
Ausnahme: Wenn das Vollverb *be* ist, steht das Adverb dahinter (vgl. Beispiel 3).

Stellung in Sätzen mit Hilfsverben

There *has* **always** *been* a public footpath through these fields.
These oak trees *should* **never** *have been planted* so close to the road.

Enthält der Satz ein Hilfsverb, so steht das Adverb dahinter. Enthält der Satz mehrere Hilfsverben, so steht das Adverb nach dem ersten Hilfsverb.

1 Einige Adverbien der unbestimmten Zeit und Häufigkeit können auch am Satzanfang oder am Satzende verwendet werden, z. B. *soon, sometimes.*

Sometimes we leave the heating on at night.	We leave the heating on at night **sometimes.**
Soon alternative forms of energy will have to be found.	Alternative forms of energy will have to be found **soon.**

2 Negative oder einschränkende Adverbien der unbestimmten Zeit und Häufigkeit erscheinen gelegentlich am Satzanfang. Dann wird die Reihenfolge von Hilfsverb und Subjekt umgekehrt (vgl. **152**).

Hardly *had the newspapers* stopped reporting about the earthquake in Turkey when there was news of another quake in Greece.	Kaum hatten die Zeitungen aufgehört ...
Never (in their lives) *had the inhabitants* of these small villages been through such a terrible experience.	Noch nie (im Leben) hatten die Einwohner ...

52 Adverbs of indefinite time and frequency

These adverbs (*already, just, never, always,* etc.) are usually placed in mid position.

Kapitel 8

53 Adverbien der bestimmten Zeit und Häufigkeit

Zu den Adverbien der bestimmten Zeit gehören *today, tomorrow, yesterday* usw.
Zu den Adverbien der bestimmten Häufigkeit gehören *daily, weekly, monthly, once, twice.*

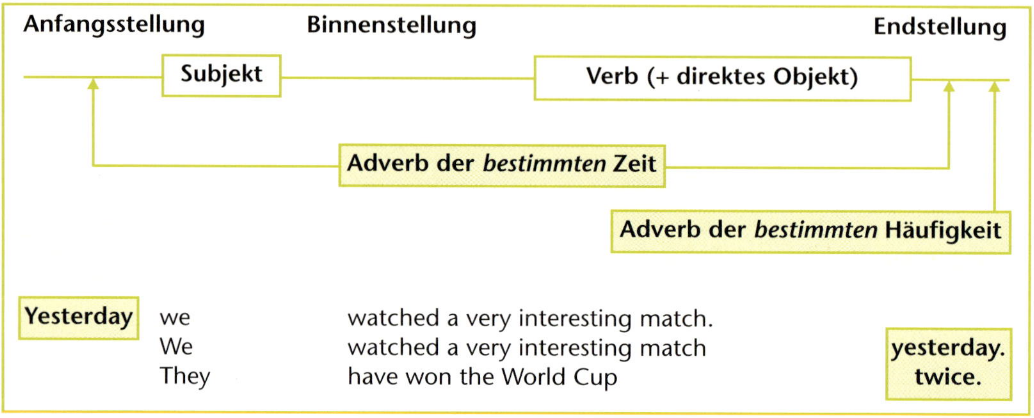

Adverbien der bestimmten Zeit verwendet man in Anfangs- und Endstellung, Adverbien der bestimmten Häufigkeit stehen nur in Endstellung. Beide Arten von Adverbien erscheinen nicht in Binnenstellung.
Bestimmte Zeit und Häufigkeit werden oft auch durch Wortgruppen (zusammengesetzte adverbiale Bestimmungen) wie *last week, every day* angegeben. Auch diese erscheinen in End- oder Anfangsstellung, aber nie in Binnenstellung (vgl. **56**).

54 Orts- und Richtungsadverbien

Die gebräuchlichsten Adverbien dieser Gruppe sind *here, there, upstairs, downstairs, inside, outside, somewhere, anywhere, everywhere.*
Oft kann das gleiche Adverb einen Ort oder eine Richtung ausdrücken. Das hängt jeweils von der Bedeutung des Verbs ab.
Vergleiche:

The children	*are playing*	**upstairs.**	(*upstairs* = Ortsangabe)
The children	*ran*	**upstairs.**	(*upstairs* = Richtungsangabe)

Orts- und Richtungsadverbien stehen normalerweise in Endstellung, nie in Binnenstellung.

53 Adverbs of definite time and frequency

Adverbs of definite time *(yesterday, tomorrow)* appear in end position and sometimes in front position, adverbs of definite frequency *(weekly, twice)* appear only in end position.

54 Adverbs of place and direction

These adverbs *(here, there, upstairs, downstairs)* normally appear in end position.

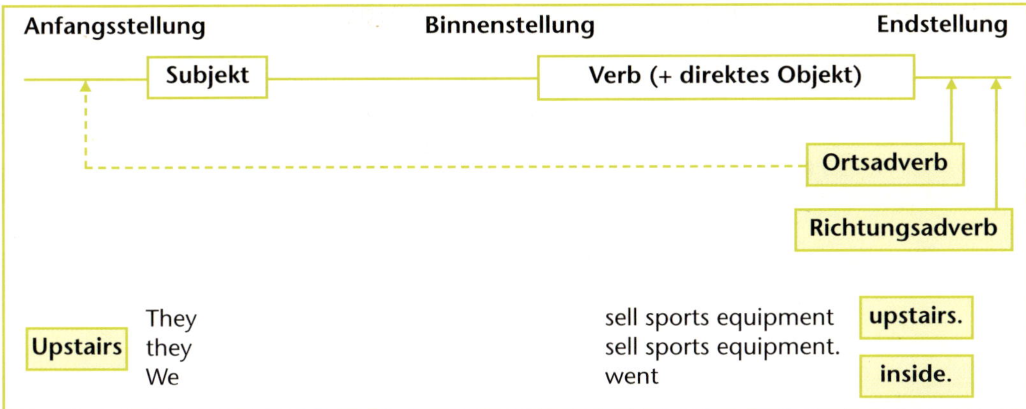

Orts- und Richtungsadverbien bestehen oft auch aus Wortgruppen *(at the station, to Nottingham, into the house)*. Diese haben meist Endstellung, aber nie Binnenstellung. Ortsangaben können gelegentlich auch in Anfangsstellung stehen.
Zur betonten Anfangsstellung bestimmter Adverbien wie *here, there, up, down* (z. B. *there goes the bus*), vgl. **152 * 2.**

55 Kommentierende und satzverknüpfende Adverbien

1. Kommentierende Adverbien

Zu den kommentierenden Adverbien gehören z. B. *luckily, (un)fortunately, of course, obviously, apparently*. Sie drücken aus, was der Sprecher über den Inhalt des Satzes denkt. Deshalb stehen sie – gewissermaßen als Einleitungsgedanke – meist am Anfang des Satzes und werden oft durch ein Komma und eine kleine Sprechpause vom übrigen Satz getrennt.

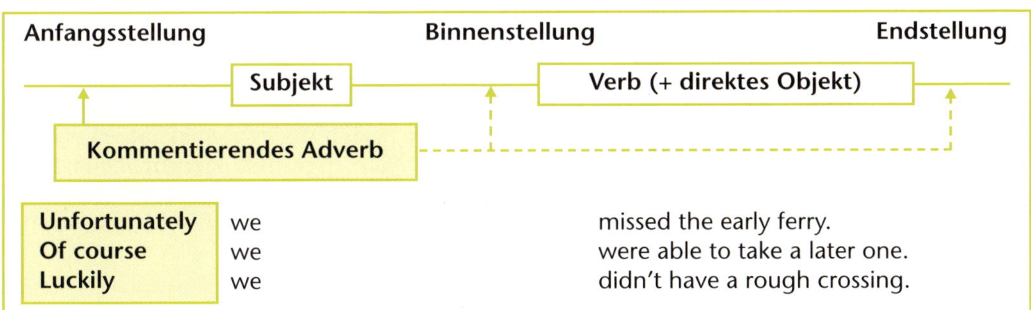

54 Adverbs of place and direction
These adverbs *(here, there, upstairs, downstairs)* normally appear in end position.

55 Adverbs of comment and linking adverbs
Adverbs of comment normally appear in front position.

Look at the lighthouse on those rocks! The coast is **probably** quite dangerous for ships here. We **obviously** won't be able to sit up on deck in this awful weather! There had **apparently** been a fire in the engine room.	Einige Adverbien *(apparently, obviously, probably)* können auch in Binnenstellung auftreten.
Let's have lunch on the boat. Or we could go to a restaurant in Dover, **of course.**	Außerdem kann das kommentierende Adverb auch als Nachgedanke am Satzende stehen.

* Das Adverb *hopefully* ist an sich ein Adverb der Art und Weise („voller Hoffnung"). In jüngster Zeit wird es zunehmend auch als kommentierendes Adverb („hoffentlich") verwendet, wobei es meist am Satzanfang steht.

"Could you let me have the car for the weekend?" he asked his father **hopefully.**	… fragte er seinen Vater voller Hoffnung.
We're a bit late. But, **hopefully**, we'll still make it in time.	Aber wir schaffen es hoffentlich noch rechtzeitig.

2. Satzverknüpfende Adverbien

About a third of the people on this planet live in countries where there is not enough water. **Therefore,** as the world's population continues to grow, the situation gets worse each year. Pumping water from one area to another is sometimes suggested as a solution. **However,** the cost of this would be enormous. **In fact,** only the rich can afford to pipe water to where it is needed.	Adverbien dieser Gruppe drücken eine logische Beziehung zwischen Sätzen aus, z. B. *therefore* – Schlussfolgerung, *however* – Gegensatz, *in fact* – Erläuterung. Sie stehen meist am Satzanfang. Zu ihrer Verwendung im Text vgl. **148**.

55 Adverbs of comment and linking adverbs

Adverbs of comment normally appear in front position, but some of them *(probably, apparently)* can also be placed in mid position or even in end position *(of course)*.
Linking adverbs *(therefore, however, finally)* usually appear in front position.

56 Zusammengesetzte adverbiale Bestimmungen

Bei den zusammengesetzten adverbialen Bestimmungen handelt es sich um Wortgruppen. Meistens sind es Angaben des Orts und der Richtung (*in London, into the house;* vgl. **54**), der bestimmten Zeit und Häufigkeit (*last night, three times;* vgl. **53**) oder des Mittels *(by car, by cheque).*

Anfangsstellung		**Binnenstellung**	**Endstellung**
	Subjekt	**Verb (+ direktes Objekt)**	
Wortgruppe als adverbiale Bestimmung			**Wortgruppe als adverbiale Bestimmung**
Last year	my parents	bought a new car.	
	My parents	bought a new car	**last year.**

Verwendung in End- und Anfangsstellung

I took my driving test in **Bristol**.
We'll be quicker if we go **by train**.
A few weeks ago my brother had a very bad accident on the M 25.
I missed the last bus home **yesterday evening**.
Once a month we visit my grandparents in Oxford.

Zusammengesetzte adverbiale Bestimmungen haben meist Endstellung, insbesondere Angaben des Orts, der Richtung und des Mittels.
Zeit- und Häufigkeitsangaben erscheinen ebenfalls in Endstellung, aber auch in Anfangsstellung.

57 Die Reihenfolge verschiedener adverbialer Bestimmungen am Satzende

Am Satzende folgen häufig mehrere adverbiale Bestimmungen aufeinander.

Normale Reihenfolge: Art und Weise – Ort – Zeit	
You can never drive very fast along this road.	**Art und Weise – Ort**
We couldn't get the car out, it had snowed so heavily in the night.	**Art und Weise – Zeit**
Billions of pounds were spent on new roads in Britain during the last few years.	**Ort – Zeit**
Traffic was moving at a snail's pace on the motorway last night.	**Art und Weise – Ort – Zeit**

56 Adverbial phrases

These phrases normally express place, direction, time, frequency or means. They usually appear in end position, some also in front position.

57 The sequence of adverbials at the end of a sentence

The normal word order is: manner – place – time.

Adverbiale Bestimmungen des Mittels wie *by car* werden normalerweise zwischen Richtungs- und Zeitangaben eingeschoben:

He went **to London** **by car** **yesterday morning**.

Genauere Zeitangabe vor allgemeinerer Zeitangabe

My mother usually leaves for work **at eight o'clock** **in the morning.**
See you **at half past four** **tomorrow afternoon!**
We sometimes don't have lunch **till three o'clock on Sundays.**
Easter will be **at the end of March** **next year.**

57 The sequence of adverbials at the end of a sentence
Adverbials of more exact time appear before adverbials of more general time.

Kapitel 9

Die Zeitformen des Verbs

58 *Simple form* und *progressive form*: Grundprinzipien der Verwendung

simple form:

Sally **is** a reporter. She **works** for *The Evening News.*

(→ It is her *job.*)

progressive form:

Sally **is working** on an article about cloning.

(→ She is doing this *at the moment.*)

		progressive form		
Anfang unbestimmt	→	Handlung im Ablauf	→	nicht abgeschlossen

Im Englischen gibt es zu jeder Zeitform eine ***simple form*** und eine ***progressive form***. Die *simple form* (die einfache Form) ist bei allen Verben möglich. Die *progressive form* (die Verlaufsform) ist dagegen nur bei den Verben möglich, die einen Ablauf beschreiben.

simple form	*progressive form*
My brother **reads** a lot of science fiction stories.	He **is reading** a book by Asimov at the moment.
I **walked** all the way home from the library last night.	While I **was walking** home, it started to rain.
After a long day's work everybody **gets** tired.	Let's have a rest; **I'm getting** tired.

Die *progressive form* und die *simple form* sind möglich:
- bei Verben wie *read, walk, work* usw. (Tätigkeitsverben). Diese Verben bilden die größte Gruppe.
- bei Verben wie *become, grow, get* (werden) (Vorgangsverben)

58 Simple form and progressive form

Most verbs can be used in the simple form and in the progressive form.

simple form
Have you **noticed** that Lucy is wearing your shoes? I **don't see** my anorak anywhere. **Do** you **know** where it is? I **like** your new pullover. I **wish** I had one like it. That jacket **isn't** mine. It **belongs** to Barbara. This shirt **looks** great, **doesn't** it?

Die *progressive form* ist normalerweise nicht möglich:
- bei *notice, see, hear* usw. (Verben der Sinneswahrnehmung),
- bei *know, believe, like, want* und anderen Verben, die Wissen, Meinungen, Gefühle oder Wünsche ausdrücken,
- bei *be, have, belong* und anderen Verben, die einen Zustand, Besitz oder Zugehörigkeit ausdrücken,
- außerdem bei *seem, mean* (bedeuten), *sound* und *look* (aussehen).

1 Verben, die in der *progressive form* gebraucht werden können, nennt man auch ***dynamic*** [daɪˈnæmɪk] ***verbs,*** Verben, die nicht in der *progressive form* gebraucht werden, bezeichnet man als ***stative*** [ˈstætɪv] ***verbs.***

2 Verben wie *be, have* und *think* (die normalerweise *stative verbs* sind) können gelegentlich auch als *dynamic verbs* verwendet werden. Beachte den Bedeutungsunterschied:

You **are** in a bad mood today. (Du bist heute schlecht gelaunt.)	You'**re being** very critical! (Du bist/verhältst dich …)
I **think** they live in Glasgow. (Ich glaube …)	We'**re thinking** of moving to Scotland. (Wir überlegen, ob …)
The house **has** two bathrooms. (… hat/verfügt über …)	Sarah **is having** a bath. (… badet/nimmt ein Bad.)

58 Simple form and progressive form

Some verbs are normally only used in the simple form (e.g. *see, hear, know, like, be, belong*).

59 *Present tense: simple* und *progressive form*

1. Formen

simple present	
I/You/We/They **work**. He/She/It **works**. She **speaks** [s] English. It often **rains** [z] in Ireland. He never **watches** [ɪz] rugby on TV. Sally often **flies** to New York. Dad **does** [dʌz] the shopping. He **goes** [gəʊz] into town by bus. Mum **says** [sez] she needs the car.	Nach *I, you, we* und *they* hat das *simple present* dieselbe Form wie der Infinitiv. Nach *he, she, it* wird ein *-s* angehängt. Beachte bei der *-s* Endung: – Sie wird nach stimmlosen Konsonanten [s] gesprochen, sonst [z]. – Nach einem Zischlaut wird *-es* angefügt und [ɪz] gesprochen. – Ein *-y* nach einem Konsonanten wird zu *-ies (fly – flies, hurry – hurries).* Beachte die Schreibung und die Aussprache der Sonderformen *does, goes* und *says*.
present progressive	
I **am** **working.** You/We/They **are** **working.** He/She/It **is** **working.** We are sitting in the garden. The dog is running after the cat. The sun is shining. Grandpa is taking the dog for a walk. The others are lying on the beach.	Das *present progressive* setzt sich zusammen aus *am/are/is* und dem *present participle*. Beachte beim Anfügen der *-ing*-Endung: – Nach kurzem betonten Vokal wird der Endkonsonant verdoppelt. – Stummes End-*e* entfällt *(shine – shining, take – taking).* – *-ie* wird zu *-y- (lie – lying, die – dying).*

2. Die Verwendung des *simple present*

Allgemein gültige Tatsachen	
Dry wood **burns** well. Water **doesn't run** uphill. The M5 **joins** the M4 at Bristol. A lot of people in Wales **speak** Welsh.	Das *simple present* beschreibt Tatsachen, die nicht nur im Augenblick des Sprechens, sondern allgemein gültig sind, z. B. Naturgesetze, typische Eigenschaften und Fähigkeiten.
Gewohnheiten	
I **walk** to school *every day.* My sister *often* **cycles** to the office. My parents *never* **go** into London by car. **Does** your father *always* **take** the bus to work?	Wenn man ausdrücken will, dass jemand etwas regelmäßig, häufig, selten oder auch nie tut, verwendet man das *simple present.* Solche Sätze enthalten oft Häufigkeitsangaben wie *every day, always, often, sometimes, never.*

59 The present tense

The forms of the simple present and the present progressive.
Simple present for facts that do not change and for habits.

Handlungsfolgen und Zusammenfassungen	
... Brown **gets** the ball, **passes** it to Coker – and ... it's a goal! In "Robinson Crusoe", Defoe **describes** how Crusoe **builds** himself a house on the desert island, **makes** a boat and **meets** the native whom he later **names** Friday.	Das *simple present* verwendet man für Handlungsfolgen, z. B. in Sportberichten und an spannenden Stellen von Erzählungen, sowie in Inhaltsangaben und anderen Zusammenfassungen *(summaries)*.
Stellungnahmen zu Texten *(comments)*	
In the first chapter, the author **introduces** the two main characters and **sets** the scene. The novel **presents** a fascinating picture of America in the 1840s.	Das *simple present* kann verwendet werden, um Stellungnahmen zu Texten *(comments)* abzugeben.

Dad is watching the boat race.

3. Die Verwendung des *present progressive*

Gerade ablaufende Handlungen	
Dad **is watching** the boat race on TV *at the moment. Right now* they**'re going** under Hammersmith Bridge, and the Oxford crew **are leading**. But Cambridge **are following** close behind.	Das *present progressive* wird normalerweise nur bei Tätigkeits- und Vorgangsverben verwendet (vgl. ■ **58**). Mit dem *present progressive* kann man Handlungen beschreiben, die im Augenblick des Sprechens gerade ablaufen und noch nicht abgeschlossen sind. Typische Zeitangaben sind: *at the moment, right now* usw.
„Zur Zeit" ablaufende Handlungen	
Our team **is playing** well *this season.* My uncle **is writing** a book about golf. I**'m doing** a lot of swimming *these days.*	Das *present progressive* wird auch verwendet, um Handlungen zu beschreiben, die in einem längeren Zeitraum ablaufen (*this week, this season* usw.) und als vorübergehend empfunden werden. Die Handlung kann im Augenblick des Sprechens gerade unterbrochen sein, wird aber später wieder aufgenommen werden.

■ 59 The present tense

Simple present for summaries and comments.
Present progressive for actions in progress.

Häufigkeitsangaben wie *always, all the time, continually* usw. werden gelegentlich mit der *progressive form* verbunden, wenn jemand Verärgerung oder ähnliche Gefühle ausdrücken möchte.

You'**re** ***always*** **taking** my things! Please ask me next time.
My parents **are complaining** ***all the time.*** I can't seem to do anything right.

Sachliche Angaben zur Häufigkeit und Gewohnheit werden jedoch mit dem *simple present* ausgedrückt (vgl. **59.2**, „Gewohnheiten").

60 *Present perfect: simple* und *progressive form*

1. Formen

simple present perfect	
I/You/We/They	**have arrived.**
He/She/It	**has arrived.**
He **has gone.**	They **have come.**
present perfect progressive	
I/You/We/They	**have been waiting.**
He/She/It	**has been waiting.**

Das *simple present perfect* wird gebildet aus *have/has + past participle.*
Beim *past participle* gibt es
- regelmäßige Formen, die auf *-ed* enden (für Schreibung und Aussprache gelten dieselben Regeln wie für die regelmäßigen *past-tense*-Formen; vgl. **62.1**),
- unregelmäßige Formen (vgl. **Anhang** **1**).

Das *present perfect progressive* wird gebildet aus: *have/has + been + present participle.* (Zur Schreibung des *present participle* vgl. **59.1** unter *present progressive.*)

2. Die Verwendung des *simple present perfect*

zuvor	jetzt
Wirkung/Dauer bis jetzt	

Wirkung / Ergebnis betont
Clare **has hurt** her foot badly. Dad's at the hospital with her now. Dr Benson **has gone** to London. I'm afraid you can't see him this week. You'd better not visit Sam till tomorrow. He's *just* **had** his operation.

Das *simple present perfect* wird verwendet, um auszudrücken, dass die Auswirkung einer vergangenen Handlung in der Gegenwart noch spürbar ist.
Dies gilt auch für Handlungen, die gerade erst abgeschlossen wurden (Sätze mit *just*).

60 The present perfect
Simple and progressive forms.
The simple present perfect stresses the result of a past activity.

Zustand dauert bis in die Gegenwart

Our doctor was at school with my dad. He**'s known** her *for ages.* Er **kennt** sie **schon** eine Ewigkeit.
Is your sister better again now? – Oh yes, she**'s been back** at work *since Monday.* Sie **geht** seit Montag wieder zur Arbeit.
I don't know what's the matter with me. **I've felt** tired *all day.* Ich **fühle** mich **schon** den ganzen Tag müde.

Bei Verben, die üblicherweise nicht in der *progressive form* verwendet werden (vgl. ■ **58**), kann das *simple present pefect* ausdrücken, dass ein Zustand in der Vergangenheit begann und bis in die Gegenwart andauert. Solche Sätze enthalten stets Angaben über die Zeitdauer wie *since …, for …, all day (long)* usw. (Im Deutschen steht häufig das Präsens in Verbindung mit *schon.*)

Fragen und verneinte Sätze mit *(not) yet, ever, never*

We **haven't received** the results of the blood tests *yet,* Mrs Taylor.
I've *never* **taken** sleeping pills.
Have you **had** your medicine *yet,* David?
Have you *ever* **been** to this hospital for treatment before?

Das *simple present perfect* benutzt man auch
- für Dinge, die noch nicht geschehen sind (Sätze mit *not … yet* und *never*),
- wenn man fragt, ob etwas bis jetzt schon oder überhaupt schon einmal geschehen ist (Fragesätze mit *yet* und *ever*).

3. Die Verwendung des *present perfect progressive*

Handlung dauert bis in die Gegenwart

Be careful you don't get sunburnt, Judy. You**'ve been lying** in the sun *for hours.* Du **liegst schon** stundenlang in der Sonne.
Sam **has been working** in the garden *since lunch,* and he's still busy. … **arbeitet schon** seit …
It**'s been raining** *all day.*
Why aren't you ready yet? What **have** you **been doing?** Was hast du die ganze Zeit gemacht?

Das *present perfect progressive* wird in der Regel nur mit Tätigkeitsverben verwendet (vgl. ■ **58**). Besonders häufig ist es bei Verben wie *lie, sit, wait, rain* usw. Es drückt aus, dass eine Handlung bis jetzt angedauert hat (und noch länger andauern kann). Gleichzeitig betont es den Ablauf der Handlung. Häufig wird eine Zeitangabe wie *since …, for …, … all day* usw. verwendet. Im Deutschen steht dafür oft das Präsens mit *schon.*

60 The present perfect

The simple present perfect can also express that states began in the past and have lasted up to the present.
The present perfect progressive expresses that an action began in the past and has been going on until now (and may still continue).

Bei Tätigkeits- und Vorgangsverben kann für Handlungen, die bis in die Gegenwart reichen, neben dem *present perfect progressive* auch das *simple present perfect* verwendet werden. Bevorzugt wird aber die *progressive form.*

Dr Clark and Dr Adkin { **have been working** / **have worked** } together for many years.

61 *Since* und *for* beim *present perfect*

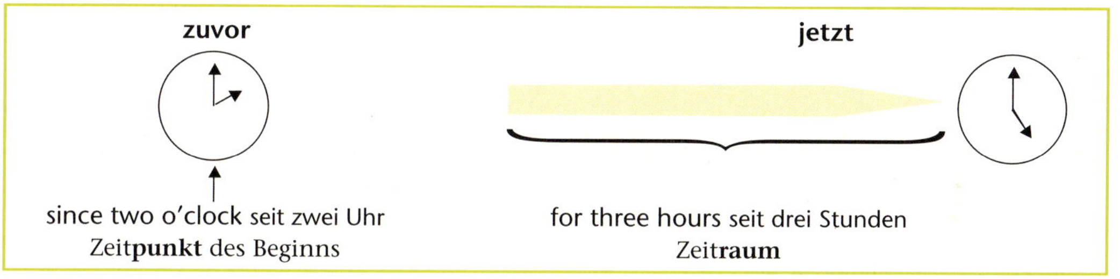

My brother has been working for British Airways **since 1996** ... seit 1996 ... I've been looking for a new job **since last summer.** The boss has been away **since Monday.** Jane has been living in London **since she started work at the BBC.**	He hasn't taken a holiday **for two years.** ... seit zwei Jahren / schon zwei Jahre lang ... Mike has been sitting in front of his computer **for five hours** now. You ought to buy your own pocket calculator. You've been using mine **for ages.**
Ausdrücke mit *since* bezeichnen den Zeitpunkt, an dem eine Handlung begann. Auf *since* folgen deshalb oft Angaben wie Uhrzeit, Datum, Wochentag, Monat, Jahr usw. (*since two o'clock/ 12th May/Monday/March/1996* usw.) *Since* kann aber auch einen Nebensatz einleiten (vgl. das letzte Beispiel).	Ausdrücke mit *for* bezeichnen den Zeitraum, den eine Handlung bereits andauert. *For* wird deshalb in Ausdrücken wie *for two hours, for four days, for a few weeks* verwendet. Die Zeitangaben können aber auch unbestimmt sein, z. B. *for weeks* („schon wochenlang"), *for ages* („schon ewig") usw.

Zeitangaben mit *for* treten nicht nur beim *present perfect* sondern auch bei anderen Zeitformen auf:

When I was a child, we **lived** in Munich ***for about two years.***
Jenny **will be staying** with her cousin ***for a few days.***

61 *Since* and *for* with the present perfect

Since refers to the time when an action began.
For refers to the period of time that an action has lasted.

62 *Past tense: simple* und *progressive form*

1. Formen

simple past

I/He/She/It } { **arrived** early.
You/We/They } { **came** early.

We listen**ed** [d] to the radio.
They lik**ed** [t] the concert.
It end**ed** [ɪd] at midnight.
She cr**ied** when the film was over.
He sto**pped** the video recorder.

Beim *simple past* unterscheidet man zwischen regelmäßigen und unregelmäßigen Verbformen. Die regelmäßigen Verbformen haben die Endung *-ed.*
Aussprache: [d] nach stimmhaftem Laut; [t] nach stimmlosem Laut; [ɪd] nach [t] und [d].
Schreibung: *-y* nach Konsonant wird zu *-ie;* der Endkonsonant wird nach kurzem betontem Vokal verdoppelt.
Unregelmäßige Formen: vgl. **Anhang 1**.

past progressive

I/He/She **was walking** home.
It **was raining.**
You/We/They **were waiting** for the bus.

Das *past progressive* wird gebildet aus *was/were + present participle.* (Zur Schreibung des *present participle* vgl. **59.1**.)

2. Die Verwendung des *simple past*

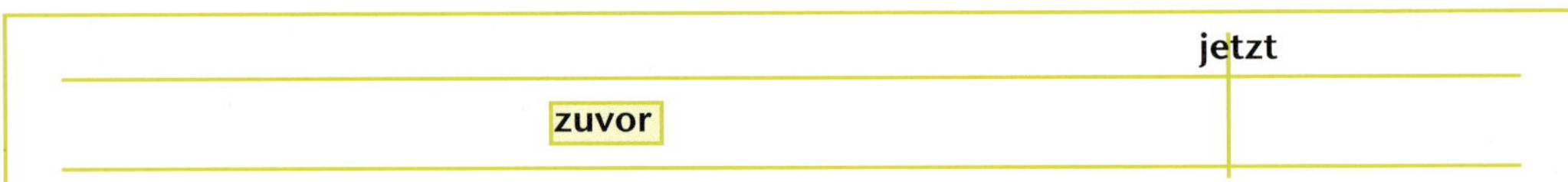

Vergangene Ereignisse und Zustände

We **went** to the cinema twice *last week.*
We **didn't go** to the theatre *when we were in London.*
Shakespeare **wrote** "Romeo and Juliet" *some time in the 1590s.* He **died** *in 1616.*
When **did** you first **see** a Shakespeare play? – I think it **was** *about two years ago.*

Das *simple past* ist die übliche Zeitform für Handlungen und Zustände, die als abgeschlossen angesehen werden. Der Zeitpunkt oder Zeitraum wird häufig durch Zeitangaben wie *yesterday, last week, three years ago, in 1616* usw. angegeben.
Auch in Fragesätzen mit *when* und Antworten darauf verwendet man das *simple past.*

Handlungsfolgen

A gang of youths **appeared** at the corner. Sally **began** to walk away, but when they **saw** her, they **shouted** and a moment later she **heard** the sound of running feet behind her. Then ...

Das *simple past* wird auch verwendet, um vergangene Handlungsfolgen wiederzugeben. Es ist deshalb die typische Zeitform für Erzählungen und Berichte über vergangene Ereignisse.

62 The past tense
The forms of the simple past and the past progressive.
Simple past for events that are over and for a sequence of past events.

3. Die Verwendung des *past progressive*

zuvor — jetzt

Gerade ablaufende Handlung: *past progressive*

↑

Neues Ereignis: *simple past*

„Hintergrundhandlungen"

We **were sitting** out in the garden *when* the thunderstorm **started.** Wir saßen gerade im Garten, als …
While we **were taking** the chairs inside, the first drops of rain **fell.** Während wir die Stühle hineintrugen …
Two children **were running** across the road in front of the school. The bus only just **stopped** in time.

Das *past progressive* kann ausdrücken, dass etwas gerade in Gang und noch nicht zu Ende war, als sich etwas Neues ereignete. Es beschreibt also eine Art „Hintergrundhandlung". Die Hintergrundhandlung steht im *past progressive,* das neue Ereignis im *simple past.* Häufig wird das *past progressive* in Nebensätzen mit *while* verwendet, das *simple past* in Nebensätzen mit *when.*

Gleichzeitig ablaufende Handlungen

Jack **was practising** for his concert *while* I **was revising** for my exams.
There was a terrible noise in the house – the two dogs **were barking,** the children **were screaming,** and Peter **was shouting** at them all to be quiet.

Soll betont werden, dass mehrere Handlungen gleichzeitig abliefen, so wird für alle das *past progressive* verwendet. Solche gleichzeitig ablaufenden Handlungen werden häufig durch Nebensätze mit *while* miteinander verbunden.

The dogs were barking, the children were screaming, and …

62 The past tense

Past progressive for an activity that was in progress in the past (often a "background activity"). The simple past describes the new event that interrupts this "background activity".

63 *Past tense* und *present perfect:* Gegenüberstellung

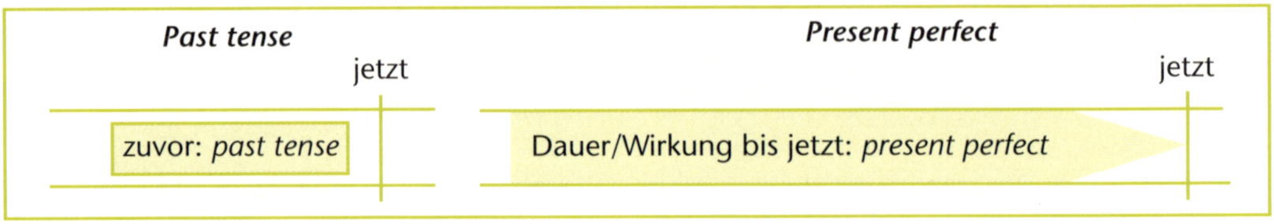

Das *past tense* betont, dass Handlungen oder Zustände in der Vergangenheit **abgeschlossen** wurden und **vorbei** sind.

Das *present perfect* betont, dass Handlungen oder Zustände, die in der Vergangenheit begannen, in einer **Beziehung zur Gegenwart** stehen.

Past tense	*Present perfect*
Bei Zeitangaben wie *yesterday, a month ago, last year* und bei *when*-Nebensätzen	**Bei Zeitangaben wie *since (Monday), for (three hours), so far, (not) yet, already, ever, never***
Charles **flew** back from New York *yesterday.* The Clarks **went** to Australia *last spring.* We **didn't take** many photos *when we were on holiday.* **Did** you **take** any pictures *during the flight?*	The Smiths **have been** back home *since Friday.* We **haven't heard** from them *since they went away.* Aunt Sarah **has been living** in Sydney *for ten years.* – **Have** you *ever* **visited** her? – No, I **haven't had** a chance *so far.*
Solche Zeitangaben bezeichnen einen Zeitpunkt oder Zeitraum, der ganz **in der Vergangenheit** liegt und **abgeschlossen** ist. Daher kommt hier nur das *past tense* in Frage.	Solche Zeitangaben bezeichnen einen Zeitraum, der **von der Vergangenheit bis in die Gegenwart** reicht. Daher muss hier das *present perfect* verwendet werden.
	Ergebnis oder Wirkung in der Gegenwart betont
	We**'ve driven** nearly 500 miles today. – No wonder you feel tired. Shall I take you on a tour of the city? – Well, actually we**'ve seen** most of the sights already. The last bus **has** just **left.** We'll have to walk back, I'm afraid.
	Die Handlung an sich ist zwar vorbei, das **Ergebnis** ist jedoch in der Gegenwart **noch spürbar.** Deshalb muss das *present perfect* verwendet werden.

63 Past tense and present perfect contrasted

The past tense stresses that an activity came to an end in the past and is over. The present perfect stresses that an activity began in the past but continues up to the present (or that the result can still be felt).

1 Bei Zeitangaben wie *this week, this year* usw. kann man das *present perfect* oder das *past tense* verwenden, je nachdem was man ausdrücken möchte:

I **haven't been able** to go on holiday this year.	Das Jahr ist noch nicht vorbei. Ich kann immer noch in Urlaub fahren.
I **wasn't able** to go on holiday this year.	Das Jahr ist vorbei. Ich kann nicht mehr in Urlaub fahren.

2 Im amerikanischen Englisch kann in Sätzen mit *already, just* und *yet* auch das *past tense* verwendet werden:

Is Alex at home? – Yes, he'**s** *just* **come** in.

We'll have to tell Cindy the news. – It's OK, I'**ve** *already* **told** her.

Is Alex at home? – Yes, he'**s** just **come** in.
Oder: Yes, he *just* **came** in.

We'll have to tell Cindy the news. – It's OK, I'**ve** *already* **told** her.
Oder: It's OK, I *already* **told** her.

64 *Past perfect: simple* und *progressive form*

1. Formen

simple past perfect	
I/You/He/She/It We/You/They	**had arrived.**
past perfect progressive	
I/You/He/She/It We/You/They	**had been waiting.**

Das *simple past perfect* wird gebildet aus *had* + *past participle* (vgl. **60.1**.)

Das *past perfect progressive* wird gebildet aus *had* + *been* + *present participle.* (Zur Schreibung des *present participle* vgl. **59.1**.)

2. Verwendung

damals: ***past tense***

zuvor: ***past perfect***

Für Ereignisse, die in der Vergangenheit schon vorbei waren
The first pioneers *travelled* to California in 1849. Some of them **had emigrated** to the USA from Europe only a few months before. After we **had visited** our relations in Boston, we *flew* back to New York.

Das *past perfect* steht fast immer in der Nähe von *past-tense*-Formen. Das *past tense* drückt aus, was sich in der Vergangenheit („damals") ereignete. Das *past perfect* verwendet man, wenn man sich auf noch weiter zurückliegende Ereignisse bezieht.

64 The past perfect

The simple past perfect describes events that happened before other events in the past.

damals:

Handlung bis damals: ***past perfect progressive***
Zustand bis damals: ***simple past perfect***

Handlungen und Zustände, die bis zu einem vergangenen Zeitpunkt andauerten

At last our flight to Manchester was announced. We **had been waiting** at the airport *since the early hours of the morning.*
The passengers knew nothing at all about the engine trouble, but the crew **had known** about it *for some time.*
I felt glad to be alive when we got off the plane. The captain **had been thinking** of making an emergency landing.

Soll der Ablauf einer **Handlung** betont werden, verwendet man die *progressive form.*
Soll die Dauer eines **Zustands** betont werden, verwendet man die *simple form.*

In dieser Bedeutung wird das *past perfect* oft mit Zeitangaben wie *since …* oder *for …* verbunden.

65 Die Wiedergabe der Zukunft: Übersicht über Formen und Sprechabsichten

1. Formen

Zukünftiges Geschehen kann im Englischen durch eine Reihe von Formen wiedergegeben werden:

FUTURE TIME →

- ***going-to-future***
  We'**re going to travel** to Cardiff next week.
- ***present progressive***
  We'**re travelling** to Cardiff next week.
- ***future progressive***
  We'**ll be travelling** to Cardiff next week.
- ***will-future***
  We'**ll take** an early train.
- ***simple present***
  The train **leaves** at 7.30.

64 The past perfect
Past perfect progressive for activities and simple past perfect for states that lasted for a period of time up to a certain point in the past.

65 Future tenses – Overview
Different forms that refer to the future.

2. Sprechabsichten

Welche dieser Formen man wählt, hängt davon ab, welche Sprechabsicht man hat, d.h. welchen Gesichtspunkt man besonders betonen möchte. Die wichtigsten Sprechabsichten und Bedeutungen enthält die folgende Tabelle. (Zu Einzelheiten und weiteren Sprechabsichten vgl. ■ **66–71**.)

Absicht / Plan:	*going-to-future*	Barbara and I **are going to spend** a week in France.
Vereinbarung:	*present progressive*	My cousin **is travelling** with us. We'**re meeting** at Waterloo Station.
Zu erwartende Entwicklung:	*future progressive*	I suppose she and her mother **will be staying** the night at a hotel in London.
Vorhersage:	*will-future*	It **will take** us about three hours to get to Paris.
Feststehender Termin:	*simple present*	The Eurostar **leaves** Waterloo at 9.15 a.m. When **does** it **go** through the Tunnel?

! Im Gegensatz zum deutschen Präsens kann das *simple present* im Englischen nur sehr selten verwendet werden, um zukünftiges Geschehen auszudrücken. Meist verwendet man andere Formen:

Ich **hole** morgen die Fahrkarten ab (wenn ich Zeit habe).	I'**m going to collect** the tickets tomorrow. I'**m collecting** the tickets tomorrow. I'**ll collect** the tickets tomorrow if I have time.

■ 66 Das *going-to-future*

1. Formen

I	**am**	**going to arrive** early.
He/She/It	**is**	
We/You/They	**are**	

Das *going-to-future* wird gebildet aus *am/is/are* + *going to* + Infinitiv. (Meist werden die Kurzformen von *be* verwendet; vgl. ■ **83.2** und ■ **84.**)

■ 65 Future tenses – Overview
The different forms of the future stress different points of view. The choice of form depends on what the speaker wants to express.

■ 66 The *going-to*-future
Forms

2. Verwendung

Absichten, Vorhaben, Pläne

I'**m going to play** my new computer game.
We'**re going to buy** Bob a CD for his birthday.
Are you **going to watch** "Match of the Day" on TV tonight?
Emma says she'**s going to study** Art when she leaves school.

Das *going-to-future* beschreibt, was jemand vorhat. Da die meisten Vorhaben kurzfristig sind, bezieht es sich häufig auf die nahe Zukunft.
Wenn eine fernere Zukunft gemeint ist, muss eine entsprechende Zeitangabe verwendet werden *(... when she leaves school)*.

Ausdruck der Gewissheit

Look at those black clouds. It'**s going to rain** soon.
We've still got a long way to cycle.
We'**re going to** get wet.

Das *going-to-future* kann auch ausdrücken, dass ein Ereignis mit Gewissheit eintreten wird, weil bereits entsprechende Anzeichen zu erkennen sind (z. B. die dunklen Wolken, die Regen ankündigen).

67 Das *present progressive* zur Wiedergabe der Zukunft

(Formen: vgl. **59.1**)

Für Vereinbarungen

What **are** you **doing** *next Tuesday*, Daniel? – Well, let me look in my diary.
I'**m meeting** Kate *in the afternoon*, but I'**m** not **doing** anything special *in the evening*.
You needn't collect me *after the party*.
I'**m coming** back with the Singletons.

Das *present progressive* drückt aus, dass jemand etwas für die Zukunft fest geplant oder vereinbart hat. Damit es keine Verwechslungen mit gegenwärtigen Handlungen gibt, werden oft Zeitbestimmungen der Zukunft verwendet, wie *tomorrow, on Thursday, next week*.
(Das *present progressive* ist nur bei Tätigkeitsverben möglich – vgl. **58**.)

! I'**m helping** Jenny with her homework. — Ich helfe ihr gerade.
I'**m helping** Jenny with her homework *tomorrow*. — Ich helfe ihr morgen. (Es ist vereinbart.)

66 The *going-to*-future
The *going-to*-future expresses what someone has decided to do in the future or what is certain to happen.

67 The present progressive to express future time
The present progressive is used for what someone has arranged to do.

68 Das *will-future*

1. Formen

I/You/He/She/It We/You/They	**will** **'ll** **won't** [wəʊnt]	start **tomorrow.**

Das *will-future* wird aus *will* + Infinitiv gebildet. In der Umgangssprache werden statt *will* und *will not* meist die Kurzformen *'ll* und *won't* gebraucht.

* Im formellen britischen Englisch wird in der ersten Person gelegentlich auch *I/We shall/shan't* verwendet.

I shall be in Bristol next week.
We shan't be able to meet after all.

2. Verwendung

Vorhersagen und Vermutungen

Southern areas **will have** another bright day, but there **will be** a few showers in the North.
How old is Greg? – Sixteen. I think he'**ll be** seventeen next September. Yes, I'm sure he **will.**
I'm afraid I **won't see** you at Christmas, but perhaps I'**ll be** here for New Year.

Das *will-future* kann verwendet werden, um zukünftige Ereignisse zu beschreiben, die von äußeren Umständen abhängen und auf die der Sprecher keinen Einfluss hat (z. B. das Wetter).
Das *will-future* steht auch nach bestimmten Verben wie *hope, think, guess, expect, be sure* und in Sätzen mit Adverbien wie *perhaps, probably, possibly* usw.

Spontane Entschlüsse

I've got to do the washing up now, I'm afraid. – I'**ll help** you.
OK, OK, Mum! We'**ll tidy** everything up.

Will drückt hier aus, dass jemand sich zu etwas bereit erklärt oder seine Hilfe anbietet, ohne dies vorher geplant zu haben.

69 Das *future progressive*

1. Formen

I/You/He/She/It We/You/They	**will** **'ll** **won't**	**be coming** tonight.

Das *future progressive* wird gebildet aus *will* + *be* + *present participle.* (Zum *present participle* vgl. **59.1**.)

68 The *will*-future
The *will*-future predicts events that the speaker has no control over. It is also used for spontaneous decisions – often to help someone.

69 The future progressive
Forms

2. Die Verwendung des *future progressive*

Ereignisse, die in der Zukunft zu erwarten sind

You needn't phone Paul. We'**ll be meeting** him tonight, remember.
Shall I bring my new CD? – What for? We **won't be listening to** music this evening anyway.
I wonder what's happened to Janet and Brian. – Don't worry. I expect they'**ll be arriving** soon.

Mit dem *future progressive* kann man ausdrücken, dass ein Ereignis sich in der Zukunft ergeben wird. Es wird „sowieso" geschehen, ob es nun geplant ist oder nicht.

In der Zukunft ablaufende Handlungen

Julia **will be waiting** for us on the platform *when the train arrives,* I'm sure.
Great! *Next week at this time* I'**ll be lying** on a beach somewhere in the South of France!

Man kann das *future progressive* auch verwenden, um vorauszusagen, was zu einem bestimmten Zeitpunkt in der Zukunft *(... when the train arrives)* geschehen wird.

70 Das *simple present* zur Wiedergabe der Zukunft

Bei feststehenden Terminen

Our train **leaves** at four minutes past twelve.
It **arrives** in Birmingham at twenty to two.
When **does** the concert **start**?

Newport (Gwent)	–	–	–	–	–	–	–
Bristol Temple Meads	1123	–	1204	1255	1323	–	–
Bristol Parkway	1133	–	1214	1037	–	–	–
Gloucester	–	–	1249	–	1320e	–	–
Cheltenham Spa	1206	–	1259	1341	1330e	–	–
Birmingham New St	1258	–	1340	1429	1444	–	–
Birmingham New St	1305	1334	–	1434	–	1505	1534

Das *simple present* wird nur dann verwendet, wenn der Termin nicht vom Handelnden selbst festgelegt ist. Häufig handelt es sich um genaue Zeitangaben aus Fahrplänen, Programmen usw. Deshalb spricht man auch vom *timetable future.*
Es wird vor allem bei den Verben *arrive, leave, begin, start* und *end* gebraucht.

69 The future progressive

The future progressive expresses what is expected to happen anyway or what will be going on at a certain time in the future.

70 The simple present to express future time

The simple present is only used for fixed times in the future (given, for example, in timetables and official programmes).

71 Das *simple present* in Nebensätzen der (zukünftigen) Zeit und in *if*-Sätzen

Im Nebensatz: *simple present*
Im Hauptsatz: *will-future*

We'**ll ring** you up *as soon as* we **get** there.
I'**ll show** you the photos *when* I **see** you next.
I'**ll wait** here *until* you **come** back.
If **you** come by air, we'**ll collect** you at Heathrow.

In Nebensätzen der Zeit, die sich auf die Zukunft beziehen – z. B. mit *when, as soon as, until* usw. – wird nicht das *will-future* verwendet, sondern das *simple present.*
Im zugehörigen Hauptsatz steht meist das *will-future,* nie das *simple present.*
In *if*-Sätzen, die eine erfüllbare Bedingung ausdrücken, steht das *simple present,* im Hauptsatz dagegen das *will-future* (vgl. **75.1**).

Wenn man betonen möchte, dass etwas zu einem bestimmten Zeitpunkt in der Zukunft abgeschlossen sein wird, so verwendet man im Nebensatz der Zeit das *present perfect.*

I'll play tennis with you *as soon as* **I've finished** my homework.

72 Das *future perfect*

1. Formen

I/You/He/She/It / We/You/They { will / 'll / won't } **have gone.**

Das *future perfect* wird gebildet aus *will + have + past participle.*
(Zum *past participle* vgl. **60.1**. Zu den Formen von *will* vgl. **68.1**.)

71 The simple present in clauses of future time and in *if*-clauses
Although these clauses refer to the future, the simple present and not the *will*-future must be used in them.

72 The future perfect
Forms

2. Verwendung

Handlung zu einem Zeitpunkt in der Zukunft abgeschlossen
I'll **have finished** my training *by August next year.* Ich werde meine Ausbildung bis August nächsten Jahres abgeschlossen haben. *When you get back from Los Angeles,* we **will** already **have gone** on holiday. Wenn du aus Los Angeles zurückkommst, werden wir schon in Urlaub (gefahren) sein.

Das *future perfect* drückt aus, dass eine Handlung zu einem bestimmten Zeitpunkt in der Zukunft abgeschlossen sein wird. Dieser Zeitpunkt wird z. B. durch eine Zeitangabe wie *by August next year* oder durch einen Nebensatz der Zeit *(when you get back …)* festgelegt.

73 *Conditional* und *conditional perfect*

1. Formen

conditional		
I/You/He/She/It We/You/They	**would** **'d**	**come.**
conditional perfect		
I/You/He/She/It We/You/They	**would** **'d**	**have come.**

Das *conditional* wird gebildet aus *would* (Kurzform: *'d*) + Infinitiv.

Das *conditional perfect* wird gebildet aus *would ('d) + have + past participle.*

* In der 1. Person wird statt *would* gelegentlich auch *should* (förmlich) verwendet:

I/We **should be** pleased to hear from you.
If we had been informed, we **should have contacted** you earlier.

2. Verwendung

If I knew Kim's address, I **would send** her a card.

If I had seen you, I **would have told** you about the excursion.
We **would have collected** you if you had asked us.

In Bedingungssätzen steht das *conditional* im Hauptsatz, wenn der *if*-Satz eine nicht erfüllbare Bedingung ausdrückt (vgl. **75.2**). Das *conditional perfect* steht im Hauptsatz, wenn der *if*-Satz eine nicht mehr zu erfüllende Bedingung enthält (vgl. **75.3**).

She said she **would come** tomorrow. (She said, "I *'ll come* tomorrow.")
They said they **would have moved** into their new house by the end of the month. (They said, "We *'ll have moved …*")

Conditional und *conditional perfect* kommen auch in der indirekten Rede vor. Sie entsprechen dann dem *will-future* bzw. dem *future perfect* in der direkten Rede (vgl. **155**).

72 The future perfect
The future perfect expresses that an activity or an event will already be over at a certain time in the future.

73 Conditional and conditional perfect
Their forms and their use in conditional sentences and in reported speech.

74 Die Zeitenfolge in Texten

Die Zeitformen innerhalb eines Textes müssen zusammenpassen, d. h. man muss die Zeitenfolge einhalten. Dabei kann man – wie die folgende Übersicht zeigt – zwei Ausgangspunkte wählen: die Gegenwart („jetzt") oder die Vergangenheit („damals"). (Zu den Zeitformen im Einzelnen vgl. **59–73**.)

Ausgangspunkt Gegenwart

jetzt

jetzt: ***present tense***

I **play** basketball. At the moment I'**m** in the second team.

zuvor: ***past tense***

My first match **was** about a year ago.

bis jetzt: ***present perfect***

I'**ve been practising** three times a week for the last four months.

jetzt: ***present tense***

Our coach says I'**m making** good progress now.

später: ***will-future***

Next year – with a bit of luck – I expect I'**ll be** in the first team.

Mike, 16, is talking about his favourite sport, basketball.

Ausgangspunkt Vergangenheit

damals

damals: ***past tense***

Mike **joined** the basketball club when he **was** twelve.

zuvor: ***past perfect***

Even as a three-year-old, he **had enjoyed** playing with balls.

bis damals: ***past perfect***

He **had been playing** football for several years before he started basketball.

damals: ***past tense***

When he **became** a member of the club, the coach told me …

später: ***conditional***

… that he **would** soon **be** good enough to play in the junior team.

Mike's mother remembers his interest in basketball as a twelve-year-old.

74 The sequence of tenses

When the present tense is the basic tense in the text, it is generally used together with the present perfect, the past tense and the *will*-future. When the past tense is the basic tense, it is generally used together with the past perfect and the conditional.

75 Der Zeitengebrauch in Bedingungssätzen

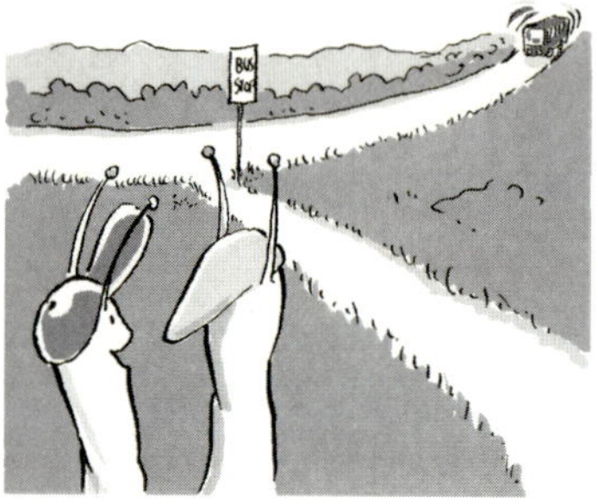

"If we hurry, we'll catch the bus."

"If we hurried, we would catch the bus."

"If we had hurried, we would have caught the bus."

Bedingungssätze sind Satzgefüge, die aus einem *if*-Satz und einem Hauptsatz bestehen. Der *if*-Satz beschreibt eine Bedingung, und der Hauptsatz drückt die tatsächlichen oder möglichen Folgen aus.
Es lassen sich drei Grundtypen unterscheiden:
1. reale Bedingungssätze,
2. irreale Bedingungssätze,
3. irreale Bedingungssätze mit Vergangenheitsbezug.

1. Reale Bedingungssätze

In realen Bedingungssätzen hält der Sprecher die Bedingung für realistisch. Sie erscheint erfüllbar.

Erfüllbare Bedingung ***if*-Satz: *simple present***	**Folge für die Zukunft** **Hauptsatz: *will-future***
If global warming **continues,**	the climate **will change**.
If we **don't act** soon,	it **will be** too late.

! Auch wenn sich die Bedingung auf die Zukunft bezieht *(soon)*, wird das *will-future* im *if*-Satz **nicht** verwendet.

* Bei diesem Typ von Bedingungssätzen kann im *if*-Satz auch das *present perfect* stehen.

Im Hauptsatz können auch die modalen Hilfsverben *can/must/needn't/should/ought to* oder der Imperativ auftreten.

If you **have sent** the letter off already, you **can expect** an answer by the end of the week.
If you**'ve had** enough to eat, please **take** the things to the kitchen.

75 The use of tenses in conditional sentences – the three basic types
Type 1 (realistic conditions)
if-clause: simple present – main clause: *will*-future

2. Irreale Bedingungssätze

Diesen Satztyp verwendet man, wenn man daran zweifelt, dass eine Bedingung erfüllt werden kann, oder wenn man weiß, dass sie nicht erfüllt werden kann.

Nur theoretisch oder kaum erfüllbare Bedingung ***if*-Satz: *past tense***	**Folge für Gegenwart oder Zukunft** **Hauptsatz: *conditional***
If I **had** lots of money,	I **would go** on a world tour.
If people **spent** their holidays nearer home,	they **would help** to reduce pollution.
If the South Pole **wasn't** so cold,	tourists **would be** a problem there, too!

Das *past tense* im *if*-Satz bezieht sich in diesen Bedingungssätzen nicht auf die tatsächliche Vergangenheit *(hatte, verbrachten)*, sondern hat die Bedeutung eines deutschen Konjunktivs *(hätte, verbrächten / verbringen würden)*.

! Im *if*-Satz wird das *conditional* **nicht** verwendet.

1 Im Hauptsatz können statt des *conditional* auch *could* („könnte") oder *might* („würde vielleicht") + Infinitiv verwendet werden.

If you came back by plane, we **could collect** you at the airport.
If we got there early enough, we **might** even **see** you land.

2 Nach *I/he/she/it* kann neben *was* auch die Konjunktivform *were* verwendet werden.

If I **were** you, I would stop smoking.

3. Irreale Bedingungssätze mit Vergangenheitsbezug

Bei diesen Bedingungssätzen ist sich der Sprecher bewusst, dass die Bedingung nicht mehr erfüllt werden kann, weil es sich um eine Situation in der Vergangenheit handelt, die vorbei ist. *(If we had left home early … = We didn't leave home early.)*

Nicht mehr erfüllbare Bedingung ***if*-Satz: *past perfect***	**Folge für die Vergangenheit** **Hauptsatz: *conditional perfect***
If the earthquake **had struck** the city centre,	thousands of people **would have lost** their lives.
If the hurricane **hadn't changed** its course,	it **would have hit** the coast much harder.

Das *past perfect* hat im *if*-Satz nicht seine übliche Bedeutung *(getroffen hatte)*, sondern die Bedeutung einer deutschen Konjunktivform *(getroffen hätte)*.

! Im *if*-Satz wird das *conditional perfect* **nicht** verwendet.

75 The use of tenses in conditional sentences

Type 2 (unrealistic conditions):
if-clause past tense – main clause: conditional
Type 3 (conditions that can no longer be fulfilled)
if-clause: past perfect – main clause: conditional perfect

1 Wenn die Folge in der Gegenwart wirksam ist, steht im Hauptsatz das *conditional:*

If we **had left** home at eight this morning, we **would be** in Scotland by now.

Auch die Kombination *past tense – conditional perfect* ist möglich:

If you **didn't** always **drive** so fast, you **would have seen** that sign.

2 Im förmlichen Stil wird statt *If I/he/... had + past participle* gelegentlich die Konstruktion *Had I/he/... + past participle* verwendet. (Hierbei fällt das *if* weg, und Subjekt und Hilfsverb werden umgestellt. Vgl. **76**.)

Had I known there was an emergency, I would have called the police at once.

3 Die Reihenfolge *if*-Satz – Hauptsatz ist bei weitem die häufigste. Aber auch die umgekehrte Reihenfolge ist möglich. In diesem Fall steht normalerweise kein Komma zwischen Haupt- und *if*-Satz.

That terrible crash would never have happened **if** the train driver hadn't overlooked the signal.

76 *Should* im *if*-Satz

If you **should get** lost,	you**'ll be able** to ask someone the way.
Wenn ihr euch verlaufen solltet,	...
If you **should be** in our area,	**ring up** and **let** us know.
If I **should be** out,	you **would be** able to leave a message on the answering machine.

Should + Infinitiv drückt wie *sollte* eine denkbare Möglichkeit aus. Im zugehörigen Hauptsatz kann das *will-future,* das *conditional* oder auch der Imperativ stehen.

Wie das deutsche *sollte* kann *should* auch am Anfang eines Nebensatzes stehen, der einen *if*-Satz ersetzt.

Should this door be closed, please use the main entrance on the west side.	Sollte diese Tür geschlossen sein, ...

76 *Should* in *if*-clauses

These clauses express that something is theoretically possible.

77 Wunschsätze mit dem *past tense* und dem *past perfect*

Past tense nach *I wish/I'd rather/If only/It's (high) time*

I wish I **were/was** a millionaire.
Ich wünschte, ich wäre Millionär.
If only I **had** enough money for a trip to Australia.
Wenn ich doch nur genug Geld … hätte.
I'd rather you **didn't spend** so much on CDs.
Es wäre mir lieber, wenn du nicht so viel für CDs ausgeben würdest.
It's (high) time my parents **gave** me a bit more pocket money.
Es ist (höchste) Zeit, dass meine Eltern mir … geben.

In diesen Sätzen bezieht sich das *past tense* nicht auf die Vergangenheit, sondern drückt aus, dass ein Wunsch für nicht oder nur kaum erfüllbar gehalten wird. (Vgl. die irrealen Bedingungssätze, **75.2**.)
Statt *I was* steht in derartigen Sätzen häufig die Konjunktivform *I were* (seltener *he/she/it were*).

Past perfect nach *I wish/If only*

I wish I **had checked** my bike before the trip.
Ich wünschte, ich hätte mein Fahrrad … überprüft.
If only I **hadn't eaten** so much!
Wenn ich doch nur nicht so viel gegessen hätte.

Das *past perfect* drückt in diesen Sätzen Wünsche aus, die nicht mehr erfüllbar sind, da die entsprechenden Handlungen in der Vergangenheit geschahen oder versäumt wurden. (Vgl. die irrealen Bedingungssätze mit Vergangenheitsbezug, **75.3**.)

77 Past tense and past perfect to express wishes

These sentences can be compared with the conditional sentences of types 2 and 3 and express that the speaker is not satisfied with a certain situation and wishes that things were different.

Kapitel 10

Das Passiv: Zeitformen und Satzmuster

Passivsätze stellen eine Handlung aus anderer Sicht dar als Aktivsätze. Sie betonen, **was** gemacht wird. Die Handlung selbst steht im Vordergrund. In Aktivsätzen wird dagegen betont, **wer** etwas tut.

active voice

The police stopped the traffic.

passive voice

The traffic was stopped.

78 Die Zeitformen des Passivs

1. Formen

simple forms

The car **is checked** regularly.
It **was serviced** yesterday.
The tank **has been** filled up.
The car **had been washed** before.
A new model **will be produced** next year.
A radio **would be included** in the price.
The work **will have been done** by this evening.
The repairs **would have been finished** sooner if we hadn't been so busy.

In der *simple form* können alle Zeitformen des Aktivs auch im Passiv gebildet werden.

present tense:	*am/is/are*	*+ past participle*
past tense:	*was/were*	
present perfect:	*have/has been*	
past perfect:	*had been*	
will-future:	*will be*	
conditional:	*would be*	
future perfect:	*will have been*	
conditional perfect:	*would have been*	

78 The passive forms of the verb
Simple forms

progressive forms	
My bike **is being repaired** at the moment. My bike **was being repaired**, so I went by bus.	*Progressive forms* des Passivs sind nur im *present tense* und *past tense* üblich. *present progressive: am/are/is being* } *+ past participle* *past tense: was/were being* }
infinitive forms	
One of the pedals *must* **be mended**. The chain *should* **have been oiled**. My pump *seems* **to have been stolen!**	Passivform des Infinitivs: *(to) be + past participle* Passive Perfektform des Infinitivs: *(to) have been + past participle* (Zu den Passivformen von *gerund* und *present participle* vgl. ■ **114.1** und ■ **123.1**.)

* Anstelle des Passivs mit *be* wird in der Umgangssprache häufig die Konstruktion *get + past participle* verwendet. Diese Konstruktion drückt aus, dass ein Ereignis ungewollt ist oder unerwartet eintritt.

He **got** badly **hurt** in the accident.	Er wurde bei dem Unfall schwer verletzt.
Don't leave your bike outside. It might **get stolen.**	Es könnte gestohlen werden.

2. Die Verwendung der *simple forms* des Passivs

Die Zeitformen des Passivs werden nach denselben Regeln verwendet wie die Zeitformen des Aktivs.

The market here **is held** on Wednesdays and Saturdays. This post box **is** never **emptied** on Sundays.	Das *simple present* wird verwendet, wenn etwas regelmäßig, häufig, selten oder auch nie getan wird (vgl. ■ **59.2**).
The lawn **has been cut**, I see. It looks much better now. **Have** all the apples **been picked**?	Das *present perfect* gebraucht man, um die Wirkung einer vergangenen Handlung auf die Gegenwart zu betonen (vgl. ■ **60.2**).
Several trees **were blown down** in a bad storm last autumn. Luckily nobody **was injured**.	Das *simple past* betont, dass eine vergangene Handlung als abgeschlossen angesehen wird (vgl. ■ **62.2** und ■ **63**).

* Das Passiv kann im *simple present* und *simple past* nicht nur einen Vorgang, sondern auch einen Zustand beschreiben. (Im Deutschen benutzt man für das „Zustandspassiv" ein anderes Hilfsverb als für das „Vorgangspassiv".)

The gate **is locked** at 7 p.m. every evening.	Das Tor **wird** jeden Abend um 7 Uhr geschlossen.	(Vorgang)
We can't get in – the gate **is locked**.	… das Tor **ist geschlossen.**	(Zustand)

78 The passive forms of the verb
Progressive and infinitive forms.
The use of the simple forms.

The car is being checked very carefully

3. Die Verwendung der *progressive forms* des Passivs

present progressive	
Have you heard? The cinema in Station Road **is being turned** into a disco. Two new houses **are being built** in our road at the moment.	Das *present progressive* beschreibt Handlungen, die im Moment gerade ablaufen und noch nicht abgeschlossen sind (vgl. **59.3**).
past progressive	
When I walked past yesterday, the windows **were being put in.**	Das *past progressive* beschreibt Handlungen, die zu einem bestimmten Zeitpunkt der Vergangenheit gerade abliefen (vgl. **62.3**).

4. Die Verwendung des Passivs in bestimmten Textsorten

Coal, oil and gas **are needed** to run machinery and to heat people's homes. Electricity **has been used** to drive the London Underground trains since the 1890s. In the second half of the 20th century, most of Britain's coal mines **were closed.**	Das Passiv wird häufig in sachlichen und historischen Berichten, Reportagen und Zeitungsartikeln verwendet.
ONE THIRD OF WORLD OIL **CONSUMED** BY MOTOR VEHICLES (= One third of the world's oil **is [being] consumed** by motor vehicles.) ELEVEN **KILLED** IN M25 CRASH (= Eleven people **were killed / have been killed** in a crash on the M25 motorway.)	In Zeitungsüberschriften wird das Passiv meist in verkürzter Form verwendet. Das *past participle* wird anstelle der vollständigen Passivform benützt. (Zum *past participle* vgl. **123**.)

78 The passive forms of the verb

The use of the progressive forms.
The passive is often used in reports and newspaper articles.

79 Passivsätze mit und ohne *by-agent*

Ohne *by-agent*

	Subjekt		Objekt
Aktiv:	The police	**have arrested**	the kidnappers.
Passiv:	The kidnappers	**have been arrested.**	
	Subjekt		

Im Englischen lassen sich solche Passivsätze mit fast allen Verben bilden, die im Aktivsatz ein Objekt haben. Das Objekt des Aktivsatzes erscheint im Passivsatz als Subjekt. Der Verursacher der Handlung (das Subjekt im Aktivsatz) wird im Passivsatz oft nicht erwähnt, weil die Handlung an sich betont wird. Man verwendet derartige Passivsätze vor allem dann, wenn es unwichtig oder offensichtlich ist, wer etwas tut, bzw. wenn man dies nicht weiß.

Every day large areas of tropical rain forests **are destroyed,** and the land **is** then **farmed** or **used** for roads and buildings.
In many parts of the world, wildlife organizations **have been formed** to protect wild animals and plants.
In the 1960s crocodile hunting **was banned** in Australia. Before the ban, nearly all the crocodiles in northern Australia **had been wiped out.**

79 Passive sentences without a *by*-agent

Passive sentences often do not mention the person or thing that causes something to happen because the "doer" is obvious, unknown or unimportant.

Mit *by-agent*

	Subjekt		Objekt
Aktiv:	Inspector Mulligan	**arrested**	the kidnappers.
Passiv:	The kidnappers	**were arrested**	by Inspector Mulligan.
	Subjekt		***by-agent***

Wenn man den Verursacher eines Geschehens auch im Passivsatz nennen will, so verwendet man den *by-agent*. Er entspricht dann dem Subjekt des Aktivsatzes. Passivsätze mit *by-agent* werden vor allem dann verwendet, wenn man besonders betonen möchte, wer oder was etwas verursacht.

Forest fires **are** often **started** ***by careless picnickers.***
The fire in the apartment building **was** first **reported** ***by a passing taxi driver.***
A 92-year-old woman, who was asleep in her 11th floor flat, **was** finally **rescued** from the flames ***by the fire brigade.***
Hundreds of fine old buildings **were destroyed** ***by the Great Fire of London*** in 1666.

80 Das Passiv bei Verben mit Präpositionen

	Subjekt	Verb + Präposition	Präpositionalobjekt
Aktiv:	The insurance	**paid for**	most of the damage.
Passiv:	Most of the damage	**was paid for**	by the insurance.
	Subjekt	**Verb + Präposition**	***by-agent***

Das Subjekt des Passivsatzes entspricht hier dem Präpositionalobjekt des Aktivsatzes. Verb und Präposition gehören im Englischen so eng zusammen, dass sie auch im Passivsatz nicht getrennt werden. Bei der Übersetzung ins Deutsche werden häufig Sätze mit *man* verwendet.

Last night two houses in the neighbourhood **were broken into.**	Heute Nacht wurde … eingebrochen. / … hat man … eingebrochen.
8-year-old Sarah Armstrong disappeared on July 6th, and **has not been heard of** since.	… und seither hat man nichts mehr von ihr gehört.

79 Passive sentences with a *by*-agent
The *by*-agent is used if it is important to mention the "doer".

80 Verbs with prepositions in passive sentences
Just as in active sentences, verb and preposition stay together.

81 Das Passiv bei Verben mit zwei Objekten

Bei Verben wie *give, offer, promise, sell, send, show* gibt es zwei Möglichkeiten, Passivsätze zu bilden.

		indirektes Objekt („Personenobjekt")		**direktes Objekt** („Sachobjekt")	
Aktiv:	They gave	**the children**		**the largest room.**	
Passiv: 1.	**The children**	were given the largest room.	**2.**	**The largest room**	was given to the children.
	Subjekt			**Subjekt**	

Passiv 1 („persönliches Passiv")	**Passiv 2**
***I* was shown** all the latest travel brochures. – **Were *you* given** a price list, too? **Man** hat mir … gezeigt. – Hast du auch eine Preisliste bekommen? ***My sister* has been sent** an enormous Valentine card. **Jemand** hat meiner Schwester … geschickt. / Meine Schwester hat … bekommen.	The job **will** probably **be offered *to the person with the best qualifications.*** There's been a mistake. The letter **has been sent *to the wrong person*.**
Hier entspricht das Subjekt des Passivsatzes dem indirekten Objekt des Aktivsatzes. Da es sich dabei meist um eine Person handelt, wird diese Konstruktion auch „persönliches Passiv" genannt. Diese Passivkonstruktion ist in der Umgangssprache die häufigere. Bei der Übersetzung ins Deutsche werden z. T. Sätze mit *man* oder *jemand* verwendet.	Hier entspricht das Subjekt des Passivsatzes dem direkten Objekt des Aktivsatzes (meist eine Sachbezeichnung). Das indirekte Objekt (meist eine Personenbezeichnung) wird mit *to* angeschlossen. Diese Konstruktion wird vorwiegend dann verwendet, wenn das indirekte Objekt besonders lang oder betont ist.

! Verben, bei denen das indirekte Objekt immer mit *to* angeschlossen wird (*explain to, describe to* usw., vgl. **99.2**) lassen nur das **Passiv 2** zu: Nur das direkte Objekt kann zum Subjekt des Passivsatzes werden.

The dangers of river rafting in the canyon **were explained *to us*** in detail before the trip.

81 Verbs with two objects in passive sentences

Verbs such as *give, offer, show* can have a direct and an indirect object. Either can be used as the subject of the passive sentence.

82 Passivsätze mit Verben des Sagens und Meinens

Cycling **is said to be** the most strenuous of all sports.
Man sagt, dass Radfahren die anstrengendste Sportart ist.
(Vgl.: ***People say that*** cycling is the most strenuous of all sports.)
Team games **are supposed to be** good for you – but I much prefer athletics.
Mannschaftssportarten sollen angeblich …
The game of football **is thought to have started** in the 13th century.
Das Fußballspiel stammt vermutlich aus dem 13. Jahrhundert.

Nach den Passivformen der Verben des Sagens und Meinens wie *say, believe, think, suppose* usw. kann eine Infinitivkonstruktion stehen.
Solche Sätze entsprechen Aktivsätzen, die durch Wendungen wie *People say that …* eingeleitet werden. Deshalb können sie im Deutschen durch einen *dass*-Satz wiedergegeben werden.
Daneben benutzt man im Deutschen häufig Sätze mit *sollen* und Adverbien wie *angeblich* oder *vermutlich*.

Cycling is said to be the most strenuous of all sports.

82 Passive sentences with verbs of saying and thinking

The passive forms of *say, believe,* etc. can be followed by an infinitive construction.

Kapitel 11
Die Hilfsverben

83 Hilfsverben und Vollverben

Im Englischen gibt es sehr viele Vollverben (*eat, live, play, read, speak* usw.), aber nur eine begrenzte Anzahl von Hilfsverben.
Bei den Hilfsverben unterscheidet man zwei Gruppen:
- *be, have* und *do* (Diese Verben können auch als Vollverben gebraucht werden.) Vgl. **84–86**.
- *can, may, must* usw. (Diese Verben nennt man **modale Hilfsverben**.) Vgl. **87**.

1. Verwendung im bejahten Satz, im verneinten Satz und im Fragesatz

Im bejahten Satz			
Sub -jekt	**Hilfs- verb**	**Voll- verb**	
She		**speaks**	five languages.
She	**can**	**speak**	five languages.
She	**has**	**learnt**	five languages.
Im verneinten Satz			
Sub- jekt	**Hilfsverb + *not***	**Voll- verb**	
You	**needn't** *(need + not)*	**speak**	French here.
He	**doesn't** *(does + not)*	**speak**	Spanish.
Im Fragesatz			
Hilfs- verb	Sub- jekt	**Voll- verb**	
Have	you	**read**	the book?
Do	you	**read**	a lot?

Im bejahten Aussagesatz können nur Vollverben für sich allein stehen. Hilfsverben werden dagegen nur in Verbindung mit Vollverben verwendet. (Deshalb nennt man sie *Hilfs*verben.)

Bei der Verneinung mit *not* muss immer ein Hilfsverb vorhanden sein. An dieses wird *not* bzw. die Kurzform *n't* angehängt. Wenn kein anderes Hilfsverb vorhanden ist, verwendet man *do* als Hilfsverb (vgl. **141**).

Im Fragesatz kann nur ein Hilfsverb vor dem Subjekt stehen, nicht aber ein Vollverb. Auch hier wird das Hilfsverb *do* verwendet, wenn kein anderes Hilfsverb vorhanden ist (vgl. **143**.)

83 Auxiliaries and main verbs

In positive statements, main verbs can stand alone. In negative statements and in most questions, auxiliaries must be used.

2. Die Kurzformen der Hilfsverben

Im Gegensatz zu den Vollverben gibt es bei den Hilfsverben Kurzformen (vgl. die Formenübersichten in **84–87**).

Langformen	Kurzformen
Will Tom be at home this evening? – Yes, I expect he **will**. **Have** you got the tickets? – Yes, of course we **have**. **Are** you ready? – Yes, I **am**.	I'm afraid I **can't** come this weekend. We'**ll** let you know when we'**ve** booked our flight. You'**re** coming back on Sunday, **aren't** you?
Die Langformen der Hilfsverben werden in Entscheidungsfragen und bejahten Kurzantworten verwendet.	In Aussagesätzen werden in der Umgangssprache normalerweise die Kurzformen verwendet.

Die Langformen verwendet man in Aussagesätzen im Allgemeinen nur im förmlichen Stil (öffentliche Rede, Geschäftsbrief, Aufsatz usw.).

We **are** very sorry that Lady Fitzgerald **cannot** be here with us tonight.
Unfortunately I **have not** yet received a reply to my letter of April 21st.

84 *Be* als Hilfsverb und Vollverb

1. Formen

Present tense				*Past tense*	
Langformen	**Kurzformen**			**Langformen**	**Kurzformen**
I **am (not)**	I **'m (not)**			I **was (not)**	I **wasn't**
you **are (not)**	you **'re (not)**	you **aren't**		you **were (not)**	you **weren't**
he / she / it **is (not)**	he **'s** / she **'s** / it **'s** **(not)**	he / she / it **isn't**		he / she / it **was (not)**	he / she / it **wasn't**
we / you / they **are (not)**	we **'re** / you **'re** / they **'re** **(not)**	we / you / they **aren't**		we / you / they **were (not)**	we / you / they **weren't**
Infinite Verbformen: be (Infinitiv) **being** (*-ing*-Form) **been** (*past participle*)					

1 In Fragen und *question tags* kann man für *am I not* auch *aren't I* verwenden:

Aren't I stupid? I'm getting in your way, **aren't I**?

2 Besonders in amerikanischen Popsongs trifft man häufig auf die Slangform *ain't* [eɪnt]. Diese kann für *am not, aren't, isn't, haven't* und *hasn't* stehen.

83 Auxiliaries and main verbs
The short forms of auxiliaries are used in colloquial English, except in questions and short answers.

84 *Be* used as an auxiliary and as a main verb
Table of present and past tense forms

***Be* als Hilfsverb zur Bildung der *progressive form* und des Passivs**	
Please be quiet! Mark and I ***are* listening** to the news. Can I have the paper, please? You***'ve been* reading** it for ages. The western we saw last night ***was* filmed** in Spain. "Oliver Twist" ***has been* shown** at least three times. I don't want to see it again.	Die Formen des Hilfsverbs *be* und das *present participle* (*-ing*-Form) eines Vollverbs bilden zusammen die *progressive form* (vgl. ■ **59.1**, ■ **60.1**, ■ **62.1**). Außerdem dient *be* – in Verbindung mit dem *past participle* – zur Bildung des Passivs (vgl. ■ **78.1**).
***Be* als Vollverb zum Ausdruck eines Zustands**	
The Hunters **are** both *doctors.* Becky's grandfather **is** very *ill.* The hospital **is** *on the other side of town.* Visiting hours **are** *from 4 p.m. to 6 p.m.* Where**'s** Mrs Tate? She **isn't** in the waiting-room. **Is** the surgery still open? The instructions say that these travel pills **are not** suitable for small children.	Wenn *be* als Vollverb verwendet wird, folgt immer eine Ergänzung, z. B. ein Nomen, ein Adjektiv oder eine Orts- oder Zeitangabe. *Be* drückt in diesem Fall einen Zustand oder eine Eigenschaft aus. Dabei steht *be* in der *simple form.* Obwohl *be* als Vollverb gebraucht wird, können die Kurzformen verwendet werden, und es wird in Frage und Verneinung nicht

* Mit der *progressive form* von *be* kann man auch ein momentanes Verhalten ausdrücken (vgl. ■ **58** * **2**):

You**'re being** very unreasonable about this.	Du bist (verhältst dich) in dieser Sache sehr unvernünftig.

■ 84 *Be* used as an auxiliary and as a main verb

The auxiliary *be* is used to form the progressive forms and the passive. The main verb *be* expresses a state or a quality.

85 *Have* als Hilfsverb und Vollverb

1. Formen

	Langformen		Kurzformen			
Present tense	I/you he/she/it we/you/they	**have (not)** **has (not)** **have (not)**	I'**ve**/you'**ve** he'**s**/she'**s**/it'**s** we'**ve**/you'**ve**/ they'**ve**	**(not)**	I/you he/she/it we/you/they	**haven't** **hasn't** **haven't**
Past tense	I/you he/she/it we/you/they	**had (not)**	I'**d**/you'**d** he'**d**/she'**d**/it'**d** we'**d**/you'**d**/ they'**d**	**(not)**	I/you he/she/it we/you/they	**hadn't**
Infinite Verbformen: have (Infinitiv) **having** (*-ing*-Form) **had** *(past participle)*						

! Die Kurzformen *'s* und *'d* sind doppeldeutig. Beachte den Unterschied:

He's → (= He **is**) going home. *present progressive*
He's → (= He **has**) gone home. *present perfect*

He'd → (= He **would**) go home. *conditional*
He'd → (= He **had**) gone home. *past perfect*

2. Verwendung

Have als Hilfsverb zur Bildung der _perfect tenses_

Judy ***has*** **taken** her A levels this year.
I ***would have*** **done** better in my exams if I ***had*** **worked** harder.
You***'ve*** **been doing** a lot of revision!
Next year at this time we***'ll have*** **left** school.
Have you **finished** your English essay?
I ***haven't*** even **started** mine yet.

Die Formen des Hilfsverbs *have* werden in Verbindung mit dem *past participle* eines Vollverbs zur Bildung der *perfect tenses* verwendet (*present perfect, past perfect, future perfect, conditional perfect* – vgl. **60**, **64**, **72**, **73**).
Wenn *have* als Hilfsverb verwendet wird, wird es in Frage und Verneinung nicht mit *do* umschrieben.

Have als Vollverb zum Ausdruck von Besitz und Zugehörigkeit

My Uncle John **has** a farm in Scotland. He and his brother both **have** very dark hair.
My great-grandparents **had** seven daughters, but they **didn't have** any sons.
Do you **have** any relatives in Wales? – No, I don't.

Have kann, wie das deutsche *haben*, Besitz oder Zugehörigkeit ausdrücken. Dabei ist nur die *simple form* möglich.
In Frage und Verneinung wird *have* mit *do* umschrieben.

85 _Have_ used as an auxiliary and as a main verb

Table of present and past tense forms.
The auxiliary *have* is used to form the perfect tenses.
The main verb *have* is used to mean "possess".

Have got
Have you **got** your swimming things with you? – Well, **I've got** my swimsuit, but I **haven't got** a towel.

Im *present tense* wird häufig *have got* anstelle von *have* verwendet, vor allem im britischen Englisch. Es wird in Frage und Verneinung nicht mit *do* umschrieben.

Have **in festen Verbindungen mit Nomen**
Have ***a good time*** at the weekend. We **were having** ***breakfast*** when they arrived. Wir frühstückten gerade … **Do** you always **have** ***a walk*** after lunch? I **didn't have** ***a bath*** last night. **I had** ***a shower*** this morning instead.

Es gibt viele feste Verbindungen aus *have* + Nomen, die eine Tätigkeit beschreiben (z.B. *have breakfast*). Hier kann *have* auch in der *progressive form* stehen.
Auch in dieser Bedeutung wird *have* in Frage und Verneinung mit *do* umschrieben.

We were just having our picnic when they came.

86 *Do* als Hilfsverb und Vollverb

1. Formen

Present tense		*Past tense*	
Langformen	**Kurzformen**	**Langformen**	**Kurzformen**
I/you **do** (not)	I/you **don't**	I/you **did (not)**	I **didn't**
he, she, it **does** (not)	he, she, it **doesn't**	he, she, it **did (not)**	he, she, it **didn't**
we, you, they **do** (not)	we, you, they **don't**	we, you, they **did (not)**	we, you, they **didn't**
Infinite Verbformen: do (Infinitiv) **doing** (*-ing*-Form) **done** (*past participle*)			

85 *Have* used as an auxiliary and as a main verb
Especially in British English, *have got* is often used instead of *have*. *Have* is also used in set phrases (*have breakfast*, etc.).

86 *Do* used as an auxiliary and as a main verb
Table of present and past tense forms

2. Verwendung

Do als Hilfsverb in Frage und Verneinung
Did you **go** to the concert last night? **Do** you **like** jazz? – Yes, I **do**, but I **don't like** this band very much. Ann plays the guitar, **doesn't** she? – Yes, she **does**, and so **do** I. That Jamaican girl **did sing** beautifully!
***Do* als Vollverb**
What's Gill **doing**? – She's **doing** her French homework at the moment. What **do** you **do** in your free time? – I go swimming a lot in the summer, but I **don't do** much in the winter. I'm afraid I **didn't do** the washing up last night. **Could** you **do** the shopping today?

Man verwendet *do*, wenn kein anderes Hilfsverb vorhanden ist,

- zur Bildung von Frage und Verneinung (vgl. **143** und **141**),
- in Bestätigungsfragen *(question tags)* und anderen Kurzsätzen (vgl. **145–147**),
- zur Hervorhebung *einer Aussage* (vgl. **151**).

Als Vollverb ist *do* ein Tätigkeitsverb und wird häufig in der *progressive form* verwendet.
In Frage und Verneinung wird das Vollverb *do* mit dem Hilfsverb *do* umschrieben, falls kein anderes Hilfsverb vorhanden ist.

87 Die modalen Hilfsverben: Übersicht

1. Die gebräuchlichsten Formen

Present-tense-Formen				*Past-tense*-Formen			
Bejahte Lang- und Kurzformen		**Verneinte Lang- und Kurzformen**		**Bejahte Lang- und Kurzformen**		**Verneinte Lang- und Kurzformen**	
can	–	cannot	can't	could	–	could not	couldn't
may	–	may not	–	might	–	might not	mightn't
must	–	must not	mustn't				
need	–	need not	needn't				
will	'll	will not	won't	would	'd	would not	wouldn't
shall	–	shall not	shan't	should	–	should not	shouldn't
				ought to	–	ought not to	oughtn't to

86 *Do* used as an auxiliary and as a main verb
The auxiliary *do* is used to form questions and negative statements. The main verb *do* is often used in the progressive form.

87 The modal auxiliaries: Overview
The most common forms

2. Besonderheiten der modalen Hilfsverben

Immer mit Infinitiv

My brother **can** ***speak*** Chinese.
May I ***borrow*** your dictionary?

You **ought to** ***learn*** your French words.

Modale Hilfsverben werden nur in Verbindung mit dem Infinitiv eines Vollverbs verwendet.
Außer bei *ought to* und *used to* wird der Infinitiv **ohne *to*** angeschlossen.

! Deutsch: Ich **muss** jetzt nach Hause.
Englisch: I **must go** home now.

Im Gegensatz zum Deutschen kann der Infinitiv nicht entfallen.

Kein *-s* bei *he/she/it*

Bob **can** drive now.
Where's the car? – It **must** be in the garage.

Anders als die Vollverben haben die *present-tense*-Formen der modalen Hilfsverben kein *-s* in der 3. Person Singular.

***Past-tense*-Formen**

Could you tell me the way to the harbour, please? Könnten Sie mir bitte …
Would you please drive a bit more slowly here? We **might** miss the turning.
Würdest du bitte … Wir könnten …

Die *past-tense*-Formen beziehen sich meistens nicht auf die Vergangenheit, sondern entsprechen deutschen Konjunktiven (*könnte, würde* usw.).
(Zu *past-tense*-Formen mit echtem Vergangenheitsbezug vgl. ■ **89**, ■ **93**, ■ **94**.)

Ersatzformen für fehlende Formen

You **can't** go to school with a temperature. But I expect you**'ll be able to** go back on Monday.
I really **must** go to bed. I feel terrible.
We **had to** call the doctor last night.

Die modalen Hilfsverben haben nur eine oder zwei Zeitformen (meist *present* und *past tense*, vgl. Abschnitt 1).
Für die fehlenden Zeitformen treten Verben mit ähnlicher Bedeutung ein, die so genannten Ersatzformen.

* Wenn man sich auf Vergangenes bezieht, wird oft der Infinitiv Perfekt eines Vollverbs *(have + past participle)* an ein modales Hilfsverb angeschlossen. Auch diese Verbindung entspricht häufig einem deutschen Konjunktiv.

We **should have got** up earlier. I can see that now.	Wir hätten früher aufstehen sollen.
You **needn't have collected** me at the airport.	Ihr hättet mich nicht am Flughafen abzuholen brauchen.
I **could** easily **have taken** a taxi.	Ich hätte gut ein Taxi nehmen können.

■ 87 The modal auxiliaries: Overview
Characteristic features (no *-s* in the 3rd person singular; always followed by an infinitive); the use of the past tense forms and substitutes

88 Modale Hilfsverben und Sprechabsichten

You may ...

You mustn't ...

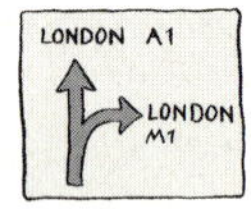

You can ...

You must ...

Modale Hilfsverben bringen meist eine persönliche Einstellung zum Ausdruck. Diese Einstellung kann sich in verschiedenen Sprechabsichten äußern, z. B.:

Will / Would / Can / Could you give me a hand? **Can / Could / May / Might** I use your telephone?	– um etwas **bitten**
You **can / could / might** ask someone.	– etwas **vorschlagen**
You **can / may** come in now. **Can / May** I go now? – No you **can't / may not**. You **mustn't** wake the baby.	– etwas **erlauben** – etwas **verbieten**
You **must** tell me the truth. You **needn't** wash up today. I'll do it.	– jemand zu etwas **auffordern** – jemand sagen, dass etwas **nicht notwendig** ist
You **should / ought to** take an extra pullover. You **shouldn't / oughtn't to** go to bed so late.	– jemand etwas **raten** – jemand **kritisieren**
There's someone at the door. – It **must** be the postman. The phone's ringing again. – It**'ll** be John. Sue wasn't at work today. She **may / might / could** be ill.	– eine Annahme ausdrücken: etwas für **sicher**, für **wahrscheinlich** oder für **möglich** halten

89 *Can, could*

Fähigkeit: ***can / can't; could / couldn't*** **Ersatzform:** ***be able to***	
Present tense	I **can** understand French when it's spoken slowly, but I **can't** understand Spanish at all.

Das Hilfsverb *can* (Verneinung *cannot/can't*) drückt wie das deutsche *können* aus, dass jemand fähig oder unfähig ist, etwas zu tun.

88 Modal auxiliaries and speech intentions
Modal auxiliaries express wishes or personal attitudes.

89 Can/could
Can/could are used to express ability; substitute: *be able to*

Past tense	The man in the shop **couldn't** speak English, so we **could** only communicate by sign language.
Alle Zeitformen	Ellen **has been able to** speak Italian since she was a small child. ... kann seit ihrer Kindheit ... sprechen. We didn't need much cash on the trip. Most of the time we **were able to** pay by credit card.

Die *past-tense*-Formen lauten *could/could not/couldn't.*

In den anderen Zeitformen verwendet man als Ersatzform meist *be able to*, das man auch im *present* und *past tense* benutzen kann.

Bitte: *Can ...?/Could ...?*
Erlaubnis / Verbot: *can/can't* – Ersatzform: *be allowed to*

Can / Could you lend me ten pounds? Kannst du ... / Könntest du mir ... leihen?
Can / Could I park the car here? – No, I'm afraid you **can't**. Kann/Könnte ich ...?
You **can** use the phone over there.
I'm afraid you **can't** sit at this table, madam. It's reserved.
I don't think we'**ll be allowed to** take the dog into the hotel dining-room. Ich glaube nicht, dass wir ... dürfen.

Durch Fragen mit *can* und *could* kann man
- jemand bitten, etwas zu tun,
- jemand um Erlaubnis bitten.

Mit *can* und *can't* kann man etwas erlauben oder verbieten.

In den fehlenden Zeitformen verwendet man zum Ausdruck von Erlaubnis und Verbot meist *be allowed to* (vgl. ■ **91**).

Mit *could* kann man auch einen Vorschlag machen.

I'm not sure whether we're going the right way. – Well, we **could** ask a policeman.

■ 90 *Can, could, may, might* zum Ausdruck einer Möglichkeit

It **can** get very hot in New York. Es kann ... sehr heiß werden.
Surely this **can't** be the way back to our hotel? Das kann doch nicht ...
"Fred's Diner" – that **may** be the place Lee recommended. ... das könnte das Lokal sein ...
Do you think we'll still get tickets for the Chicago Cubs game? – You **might** / **could** be lucky, it's worth a try! Ihr könntet Glück haben / Vielleicht habt ihr Glück ...

Mit den Hilfsverben *can/could* und *may/might* kann man ausdrücken, dass man etwas für möglich hält.

Die Wahrscheinlichkeit ist bei *could* und *might* geringer als bei *can* und *may*.

89 *Can/could*
Can/could are also used to express permission; substitute: *be allowed to.*

90 *Can/could/may/might*
The auxiliaries *can/could* and *may/might* express possibilities.

91 *May, might, mustn't*

Erlaubnis: ***may*** **Verbot:** ***may not, mustn't***	**Ersatzform:** ***be allowed to***
Present tense	Visitors **may** watch the trial from the gallery. Besucher dürfen ... Cameras **may not** be taken into the courtroom. ... dürfen nicht in den Gerichtssaal mitgenommen werden. You **mustn't** make too much noise. Ihr dürft nicht zu viel Lärm machen.

Im förmlichen Stil kann man für Erlaubnis und Verbot *may* und *may not* benutzen. Sonst wird Erlaubnis eher durch *can* und Verbot durch *mustn't* oder *can't* ausgedrückt. (Zu *can* und *can't* vgl. **89**.)

1 *May* gebraucht man auch, wenn man höflich um Erlaubnis bittet, also in Fragen, gelegentlich auch in Antworten auf solche Fragen. Gebräuchlicher sind hier jedoch *can* und *could* (vgl. **89**).

May I interrupt a moment, please? – Yes, of course (you **may**).
Martin Berry has got a pet alligator. **May** I have one, too? – No, you certainly **may not**. / No, you certainly **can't**.

Noch höflicher als Fragen mit *may* sind Fragen mit *might*.

Might I ask you a question, sir?

2 *Mustn't* kann auch einen Vorsatz ausdrücken:

I **mustn't** expect too much. Ich darf nicht zu viel erwarten.

Alle Zeitformen	In Oliver Cromwell's time, theatres were closed and people **weren't** even **allowed to** play card games. ... man durfte noch nicht einmal Karten spielen. In Britain women **have been allowed to** vote since 1918. **Are** we **allowed** to take our drinks through into the cinema?

In den fehlenden Zeitformen verwendet man als Ersatzform meist *be allowed to* (vgl. **89**), im förmlichen Stil auch *be permitted to*.

Beide sind auch im *present tense* möglich.

! *Es ist verboten, das zu tun …* und *Es ist nicht erlaubt das zu tun* können nicht wörtlich übersetzt werden. Ihnen entspricht im Englischen z. B. *You're not allowed to do that.*

Didn't you see the sign? You**'re not allowed to** smoke in here.
Es ist verboten / Es ist nicht erlaubt, hier zu rauchen.

91 *May/might/mustn't*

May and *might* are sometimes used to ask for and give permission; *mustn't* can be used to forbid something.
Mustn't can only be used in the present tense; in all other tenses *be allowed to* is used.

92 *Must, needn't*

Notwendigkeit: *must* Ersatzform: *have to*	
Present tense	We **must** leave now. We haven't got much time before the last bus goes. Wir müssen jetzt gehen. You **must** come and visit us again soon. It's always lovely to see you. Ihr müsst uns bald wieder besuchen.
Alle Zeitformen	There was a railway strike, so we **had to** go to Birmingham by coach. ... deshalb mussten wir ... The Wilsons aren't usually late. I**'ve** never **had to** wait for them before. The Intercity is usually quite crowded. We**'ll have to** book seats. **Did** you **have to** change trains at York? Musstet ihr in York umsteigen? Public transport is so poor in this area that people **are forced to** go everywhere by car.

Mit *must* kann man ausdrücken,
- dass man etwas für notwendig hält,
- dass man jemand zu etwas auffordern will.

Man kann *must* nur im *present tense* verwenden.
In den anderen Zeitformen muss man eine Ersatzform benutzen. Am häufigsten ist *have to*, das auch im *present tense* möglich ist (vgl. * **1**).

Fragen werden mit *do* gebildet (*do*-Umschreibung).

Weitere Ersatzformen sind *be forced to, be obliged to* und *be required to.*

1 *Have to* ist (vor allem im amerikanischen Englisch) viel häufiger als *must*. Daneben ist vor allem im britischen Englisch *have got to* gebräuchlich, das allerdings nur im *present tense* möglich ist. (vgl. **85.2**.)

When **do** you **have to** go off tomorrow?	Wann musst du morgen gehen?
I**'ve got to** get up pretty early.	Ich muss ziemlich früh aufstehen.

2 *Must* und *have to* können auch eine Art Schlussfolgerung ausdrücken: Man hält etwas für so gut wie sicher.

It's five o'clock now – the match **must** be nearly over.
Listen to the noise – our team **must** have won.
This surely **has to** be the greatest day ever for our club!

92 *Must/needn't*

Must expresses that something is necessary. *Must* is only used in the present tense. In the other tenses *have to* is used.

Keine Notwendigkeit: *needn't* **Ersatzform: *not + have to***	
Present tense	You **needn't** read the instructions. I know how to programme the video recorder! Du brauchst die Gebrauchsanweisung nicht zu lesen … Are you taking your camera? If so I **needn't** take mine.
Alle Zeit-formen	I wish I had a robot at home. Then I **wouldn't have to** tidy my room. We **don't have to** clean our new oven. It does it all automatically. How much did the repairs to your computer cost? – It was still guaranteed, so we **didn't have to** pay anything.

Needn't drückt aus, dass jemand etwas nicht für notwendig hält. *Needn't* kann nur im *present tense* verwendet werden.

Die gebräuchlichste Ersatzform ist *not + have to*. Im *present tense* und *past tense* wird sie mit *do* umschrieben. (Zu *need* als Vollverb vgl. **96**.)

! Du **musst** das tun. = You **must** do that.
Du **darfst** das **nicht** tun. = You **mustn't** do that. *(= Don't do that.)*

Du **brauchst** das **nicht** zu tun. = You **needn't** do that. *(= It's not necessary to do that.)*

3 Auf die Frage ***Must** I do that?* lautet die Kurzantwort *Yes, you **must**.* oder *No, you **needn't**.*

92 *Must/needn't*

Needn't expresses that something is not necessary. *Needn't* is only used in the present tense. For the other tenses *not + have to* is used.

93 *Will, would* und weitere Entsprechungen zum deutschen *wollen*

Bereitschaft: *will/would*

Will you set the table while I'm making the salad? Würdest du den Tisch decken ...?
Would you help me with the washing-up, please? Würdest du mir bitte beim Abwaschen helfen?

Mit *Will you?* und *Would you?* fragt man höflich, ob jemand bereit ist, etwas zu tun. Man spricht damit also eine Bitte aus. Dabei klingt *would you* noch höflicher als *will you.*

Don't worry about supper. **I'll** make myself a sandwich when I get back. ... Ich mache mir ...

Mit *I'll* oder *we'll* kann man ausdrücken, dass man selbst bereit ist, etwas zu tun.

How much **are you prepared** to pay for the tickets? Wie viel möchten Sie ... zahlen/sind Sie bereit ... zu zahlen?
John's parents **were willing to** take us to the concert in their car. Johns Eltern erklärten sich bereit, ...

Bei allen Personen und in den weiteren Zeitformen kann man die Bereitschaft, etwas zu tun, durch *be willing to* oder *be prepared to* ausdrücken.

Wunsch: *would like to, want to, wish to*

I'**d like to** get a holiday job again this summer. Ich würde diesen Sommer gern wieder in den Ferien arbeiten.

Mit *would like to* (*I'd like to,* etc.) kann man einen Wunsch ausdrücken oder erfragen.

What **would** you **like** to do?
Would you **like to** work in our office, Anna? We **would** very much **like** to offer you a job.

Fragen mit *would you like to* sind oft Einladungen oder Angebote.

Philip **wants to** sit in the front row.
Do you **wish to** collect the tickets before the show? Wünschen Sie, die Karten ... abzuholen?
We **wanted to** get to the theatre in good time. Wir wollten rechtzeitig ins Theater kommen.
I'**ve** always **wanted to** see a Broadway musical. Ich habe mir immer schon gewünscht ...

Auch mit *want to* oder *wish to* (nur im förmlichen Stil) kann man Wünsche ausdrücken oder erfragen. *Would like to ...* wirkt allerdings höflicher als *want to.* *Want* und *wish* können in allen Zeitformen verwendet werden.

! Das deutsche *wollen* wird im Englischen nicht durch *will* wiedergegeben, sondern durch *want to:*

Ich **will** nach Hause gehen.	I **want to** go home.

93 *Will/would* and other expressions for German *wollen*
Will you? and *Would you?* are used to ask if someone is willing to do something, *would like to/want to* to express wishes.

Weigerung: *won't, wouldn't*

I've asked my parents to let us have the whole house to ourselves for the party, but they **won't**. ... aber sie wollen nicht.
What shall we do now? The car **won't** start. ... springt einfach nicht an.
It's no good having hamburgers if Gemma's coming. She **won't** eat anything with meat in it. ... Sie isst nichts ...

Mit *won't* und *wouldn't* kann man eine Weigerung ausdrücken.
Won't bezieht sich auf die Gegenwart oder die Zukunft.

John hates parties. When we asked him to ours, he **wouldn't** come. ... wollte er nicht kommen.

Wouldn't wird hier als echte *past-tense*-Form in der Bedeutung *wollte nicht* verwendet.

My parents **have** always **refused to** buy a video recorder. They say we watch too much TV anyway. Meine Eltern haben nie ... kaufen wollen.
Simon **will** never **be prepared to** lend you his new camera. You know what he's like. Simon wird nie bereit sein, dir ... zu leihen.
He **didn't** even **want to** let me use his pen the other day. Er wollte mir neulich noch nicht einmal seinen Füller ausleihen.

In den anderen Zeitformen verwendet man *refuse to* oder die verneinten Formen von *be prepared to* oder *want to*.

* *Will* kann auch eine Annahme ausdrücken:

Where are Daisy and Jack? – They'**ll** be in France now. I expect they **will** have got to Paris by this time.

... – Sie werden jetzt (wohl) in Frankreich sein. Ich nehme an, dass sie inzwischen bis Paris gekommen sind.

94 *Used to*

Früherer Zustand oder frühere Gewohnheit: *used to* + Infinitiv

There **used to be** a shoe factory on that side of the road. Früher war auf der anderen Straßenseite eine Schuhfabrik.
My sister and I **used to walk** past it on our way to school. Meine Schwester und ich gingen ... immer daran vorbei.
In those days, Southfield Park **used to be** a girls' grammar school. Damals war Southfield Park ein Mädchengymnasium.

Mit *used to* + Infinitiv kann man ausdrücken, dass etwas früher der Fall war, jetzt aber nicht mehr zutrifft.
Von *used to* gibt es daher nur die *past-tense*-Form, keine *present-tense*-Form.
Im Deutschen kann man *used to* mit *früher* oder *immer* wiedergeben.
Manchmal wird es auch gar nicht übersetzt.

93 *Won't* and *wouldn't*
Won't and *wouldn't* can be used to express that someone is not or was not willing to do something.

94 *Used to*
Used to + infinitive expresses that something often happened or was the case in the past. There is no present tense form.

! Beachte den Unterschied zwischen dem Hilfsverb *used to* und dem Ausdruck *be used to + gerund.*

I **used to *work*** a lot in the evenings, but I don't now.
Früher habe ich abends **(immer)** viel **gearbeitet** ...
Can you work with that music on? – No problem! I'**m used to *working*** with the radio on. ... Ich bin es **gewohnt**, zu arbeiten, wenn das Radio an ist.

1 *Used to* kann auf verschiedene Weise verneint werden:

A hundred years ago, people **didn't use** to live such comfortable lives as they do today.
Most people **never used to** have a holiday.
People earned far less in those days but, of course, prices **used not to** be so high.

2 Eine frühere Gewohnheit kann auch durch *would* + Infinitiv wiedergegeben werden.

Whenever something went wrong, my grandfather **would** always say, "Better luck next time." We used to love it when he came to stay. He **would** play games with us and tell us stories.

95 *Shall, should, ought to, be supposed to, be to*

Angebot / Vorschlag:
Shall I ...? Shall we ...?

Shall I make us some sandwiches?
Soll ich uns ein paar belegte Brote machen?
Or **shall we** have lunch on the train?
Oder sollen wir im Zug zu Mittag essen?

Mit *Shall I ...?* und *Shall we ...?* kann man einen Wunsch erfragen oder einen Vorschlag machen.

95 *Shall, should, ought to, be supposed to, be to*
Shall I? and *Shall we?* are used to ask about another person's wishes or to suggest something.

Rat / Ermahnung / Kritik:
should / ought to / had better

You **shouldn't** fill the bath so full. Think of all the energy you're wasting! Du solltest die Badewanne nicht so voll machen …
We really **ought to** use public transport more often. Wir sollten … benutzen.
We seem to be the last to leave. We'**d better** switch all the lights off.
… Wir sollten alle Lichter ausschalten.

Should, ought to und *had better* entsprechen dem deutschen *sollte (eigentlich)*. Mit ihnen kann man jemand ermahnen oder jemand einen Rat geben.

More people **ought to have** protested about this new airport. Now it's too late!
Es hätten mehr … protestieren sollen.
I wish I had stopped and helped.
I **shouldn't have** just walked past.
Ich hätte nicht einfach vorbeigehen sollen.

Die Formen *should have/ought to have + past participle* entsprechen dem deutschen *hätte sollen.*
Damit kritisiert man, dass etwas in der Vergangenheit versäumt oder falsch gemacht wurde.

Anweisung / Auftrag / Vereinbarung:
be supposed to / be to

Can you lend me your list of youth hostels? I'**m supposed to** make the reservations for the whole group.
Ich soll (habe den Auftrag) …
I've just talked to the warden on the phone. We'**re to** bring our own sleeping bags.
We'**re not supposed to** smoke in the hostel, don't forget!

Mit *be supposed to* und (im förmlichen Stil) *be to* kann man ausdrücken, was jemand bestimmt oder angeordnet hat.

Do they provide bedclothes? Or **are** we **supposed to** take our own?
… oder sollen wir (sind wir angewiesen) …
The coach **was to** leave at nine o'clock, but we didn't actually set off till half past.
Der Bus sollte eigentlich um neun Uhr abfahren. (Es war so vereinbart.)

Fragen mit *be supposed to* und *be to* kann man stellen, wenn man sich erkundigen will, was jemand angeordnet hat.
Auch ein (von anderen) festgesetzter Plan oder Termin kann durch *be supposed to* oder *be to* wiedergegeben werden.

95 *Shall, should, ought to, be supposed to, be to*
Should, ought to and *had better* are used to give advice and *be supposed to* and *be to* to express what someone else expects or has arranged.

1 Dem deutschen *soll angeblich* entsprechen im Englischen die Wendungen *be supposed to* und *be said to* (vgl. **82**).

There **are supposed to** be two ghosts at Hampton Court Palace. — ... soll es angeblich zwei Gespenster geben.

2 *Should* kann auch in *that*-Sätzen verwendet werden, die eine persönliche Stellungnahme ausdrücken. In diesem Fall wird es im Deutschen nicht durch *sollte* wiedergegeben:

It's best that the girls **should** share the double room on the first floor. — Es ist am besten, wenn die Mädchen das Doppelzimmer ... teilen.
How strange that the Hayletts **should** have booked at the same hotel. — Wie seltsam, dass Hayletts im selben Hotel gebucht haben.

96 *Need* als Hilfsverb und Vollverb

Als Hilfsverb: **nur in Frage und Verneinung**	**Als Vollverb:** **auch im bejahten Satz**
Need I **fill** in this form? Tell Mike he **needn't write** a letter. He can ring up instead. The waiting-room is empty. We **needn't have made** an appointment. Wir hätten uns nicht anzumelden brauchen.	**Do** we **need to finish** all this today? A lot of work still **needs to be done.** There was plenty of time, so we **didn't need to hurry.** ... deshalb brauchten wir uns nicht zu beeilen.
Als Hilfsverb wird *need* nur in Fragesätzen und verneinten Sätzen verwendet. Wie die meisten modalen Hilfsverben hat es die Merkmale: – keine *do*-Umschreibung – kein *-s* in der 3. Person Singular – Infinitiv **ohne *to*** Es gibt nur eine Form *(need)* und die Zusammensetzung *need (not) have done/ need (not) have made* usw.	Als Vollverb kommt *need* auch in bejahten Aussagesätzen vor. Wie andere Vollverben hat es folgende Merkmale: – *do*-Umschreibung in Frage und Verneinung – *-s* in der 3. Person Singular – Infinitiv **mit *to*** Es sind alle Zeitformen möglich.

Auch *dare* („es wagen“, „sich trauen“) kann als Hilfsverb und Vollverb verwendet werden.
Als Hilfsverb wird es nur in Fragen und verneinten Sätzen gebraucht.

I **daren't ski** down here. Look how icy it is.
We had planned to climb all the way to the top, but in the end ***none of us*** **dared go** on.
How **dare** you **camp** in this field? — Was fällt ihnen ein, ... zu zelten?

Als Vollverb kommt *dare* hauptsächlich in verneinten Sätzen vor.

Our guide isn't very competent, but ***nobody*** **dares to say** so.

96 *Need* used as an auxiliary and as a main verb
As an auxiliary *need* can only be used in questions and negative statements; as a main verb *need* can be used in all types of sentences.

Kapitel 12

Das Verb und seine Ergänzungen

97 Verben mit und ohne Objekt

Subjekt	Verb		Subjekt	Verb	Objekt
She	**was reading.**		She	**was reading**	***a magazine.***

Die meisten englischen Verben (wie *read, write, eat* usw.) können entweder ohne Objekt (intransitiv) oder mit Objekt (transitiv) verwendet werden. Die Bedeutung ist in beiden Fällen dieselbe.
Anders verhält es sich mit den folgenden Verben:

Leicht verwechselbare Verben wie *lie* – liegen / *lay* – legen	
Verb ohne Objekt	**Verb mit Objekt**
After lunch I **lay** on the sofa for half an hour. ... lag ich ...	She **laid *her hand*** on his shoulder. Sie legte ihm die Hand auf die Schulter.
lie [laɪ] – **lay** [leɪ] – **lain** [leɪn] *(liegen;* **lie down**: *sich hinlegen)*	**lay** [leɪ] – **laid** [leɪd] – **laid** [leɪd] *(legen)*
May I **sit** here? Or is this seat reserved?	We've got to leave early tomorrow, so don't forget to **set *your alarm clock.***
sit – **sat** – **sat** *(sitzen;* **sit down**: *sich hinsetzen)*	**set** – **set** – **set** *(setzen, stellen)*
Food prices **have risen** quite a bit recently.	They**'ve raised *the price of petrol*** again.
rise [raɪz] – **rose** [rəʊz] – **risen** ['rɪzn] *(sich erheben, aufstehen, steigen)*	**raise** [reɪz] – **raised** [reɪzd] – **raised** *(heben, erheben, anheben, erhöhen)*
Verben mit zwei Bedeutungen: „etwas selbst tun" / „veranlassen, dass etwas geschieht"	
Verb ohne Objekt	**Verb mit Objekt**
Everything **grows** well in this mild climate. ... wächst gut ... We'll catch the bus all right if we **run**. ... laufen. We'll have to go to the ticket office after all – this machine **doesn't work**. ... funktioniert nicht.	Our neighbours **grow *a lot of vegetables*** in their garden. ... bauen ... an. (= „lassen es wachsen") My uncle **runs *a big holiday camp.*** ... leitet/führt ...(= „sorgt dafür, dass es läuft") I'd like a cup of coffee. Can you show me how to **work *this machine?*** ... wie man ... bedient? (= „zum Funktionieren bringt")

97 Verbs with and without objects

Some verbs look similar but must not be confused:
lie – lay, sit – set, rise – raise.
The verbs *grow, run, work* can be used with or without an object, but with different meanings.

98 *Phrasal verbs*

Subjekt	Verb + Präposition	Objekt
She	**looked at**	her watch.

Subjekt	Verb + Adverb	(Objekt)
She	**sat down.**	
She	**took off**	her coat.

Von einem *phrasal verb* sprechen wir, wenn das Verb fest mit einer Präposition (*at, into, to* usw.) oder einem kurzen Adverb (*away, off, up* usw.) verbunden ist.

Verb + Präposition / Adverb als feste Verbindung

When I **looked at** Clare, she **looked away**.	... ansah ... sah sie weg.
Where are the car keys? Peter**'s looking for** them.	... sucht sie.
Joe **looked after** the cat while we were away.	... kümmerte sich um ...
We had to **look up** a lot of words in the dictionary.	... nachschlagen.
I'm **looking forward to** our trip to Scotland.	... freue mich auf ...
Look out for snakes – this is just the place for them.	Gebt Acht auf ...

Besonders im gesprochenen Englisch werden *phrasal verbs* sehr oft verwendet. Weitere häufig gebrauchte *phrasal verbs* sind:

get in/on	einsteigen	*put in*	einsetzen
get off/out	aussteigen	*put off*	verschieben
get on with s.o.	mit jmd. zurechtkommen	*put on*	anziehen; aufführen
get over	hinwegkommen über	*put through*	verbinden (Telefon)
get up	aufstehen	*put up*	aufstellen, montieren
give away	verschenken, weggeben	*put up with*	sich abfinden mit
give in	nachgeben	*take along*	mitnehmen
give up	aufgeben	*take on*	übernehmen
pick out	aussuchen, heraussuchen	*take off*	starten; ausziehen; entfernen; frei nehmen
pick up	aufheben; sich aneignen; abholen	*take over*	übernehmen
put down	hinlegen, abstellen	*take to*	(auf Anhieb) mögen

! Viele *phrasal verbs* haben (wie auch viele einfache Verben) ganz unterschiedliche Bedeutungen:

The plane **took off**. – She **took off** her coat. – He **took** two days **off** last week.

98 Phrasal verbs

A phrasal verb is a set combination of a simple verb and a particle (preposition or short adverb).

Wenn man *phrasal verbs*, die aus Verb und Adverb (*up, out, away, off* usw.) bestehen, zusammen mit einem Nomen als Objekt verwendet, so kann das Adverb vor oder nach diesem Objekt stehen.

	Subjekt	**Verb**	**Adverb**	**Objekt**	
1.	He	**picked**	**up**	the bag.	Er hob die Tasche auf.
2.	He	**picked**	the bag	**up**.	
	Subjekt	**Verb**	**Objekt**	**Adverb**	

Ist das Objekt jedoch ein Personalpronomen, so kann das Adverb nur dahinter stehen:

He **picked** it **up**.

99 Verben mit zwei Objekten

1. Verben wie *give*

Verben wie *give* werden gewöhnlich mit zwei Objekten verwendet: einem direkten Objekt (meist eine Sachbezeichnung) und einem indirekten Objekt (meist eine Personenbezeichnung). Diese Objekte können auf zwei unterschiedliche Weisen an das Verb angeschlossen werden.

1 Das indirekte Objekt steht ohne Präposition **vor** dem direkten Objekt:

Subjekt	**Verb**	**Indirektes Objekt** (Person)	**Direktes Objekt** (Sache)
We	didn't give	**that waitress**	**a tip.**

2 Das indirekte Objekt steht mit der Präposition *to* **hinter** dem direkten Objekt.

Subjekt	**Verb**	**Direktes Objekt**	**Indirektes Objekt**
We	didn't give	**a tip**	***to* that waitress.**

Auf diese Weise können vor allem die folgenden Verben verwendet werden:

bring (herbringen) ←
take (hinbringen) →
hand (reichen)
lend
offer
pass (reichen)
promise (versprechen)
sell
send
show
tell
write

99 Verbs with two objects
A number of English verbs (*give, bring, take,* etc.) are frequently used with two objects, a direct object (usually a thing) and an indirect object (usually a person). The indirect object can either be placed after the verb or (with *to*) after the direct object.

Stellung der Objekte: abhängig von ihrer Länge und Betonung

	Indirektes Objekt	Direktes Objekt
The shop assistant showed	**Sarah**	**lots of different pens.**

	Direktes Objekt	Indirektes Objekt
She sold	**fifty postcards**	**to a group of American tourists from Texas.**

Das längere der beiden Objekte steht normalerweise am Ende.

	Indirektes Objekt	Direktes Objekt
They've sent	**my brother**	**a cassette** (and not the CD that he had ordered).

	Direktes Objekt	Indirektes Objekt
Just imagine! Sarah wants to give	**all the money she's earned**	**to Oxfam.**

Soll eines der beiden Objekte stärker hervorgehoben werden (weil es einen Gegensatz ausdrückt bzw. ungewöhnlich oder überraschend ist), so steht es auch dann am Ende, wenn es kürzer ist als das andere.

1 Wenn das direkte Objekt ein Personalpronomen ist (meist *it* oder *them*), so steht das indirekte Objekt gewöhnlich mit *to* hinter diesem Personalpronomen.

What have you done with that magazine I lent you? – I've given **it *to my sister*.**
Can I see your photos of Wales? – Of course. I'll show **them *to you*** now.

2 Bei *buy, get* (holen), *make* und *order* kann das indirekte Objekt ebenfalls vor oder nach dem direkten Objekt stehen. Wenn es dahinter steht, wird es jedoch nicht mit *to*, sondern mit *for* angeschlossen.

She bought **her cat** some fish, and she got some bones ***for* the dog**.

2. Verben wie *explain*

Subjekt	Verb	Direktes Objekt	Indirektes Objekt
The teacher	***explained***	**the meaning of the poem**	***to* the students.**

Dr Fairweather ***described* the effects of the medicine *to* my mother.**	… beschrieb meiner Mutter die Wirkungen des Medikaments.
Did he say anything about the new pills? – No, he didn't ***mention* them *to* me.**	Nein, er hat sie mir gegenüber nicht erwähnt.
May I ***suggest* something *to* you?**	Darf ich ihnen etwas vorschlagen?

Bei Verben wie *explain* wird das indirekte Objekt immer mit *to* angeschlossen.
Zu dieser Gruppe von Verben gehören auch:

announce (to)	ankündigen	*mention (to)*	erwähnen
deliver (to)	liefern	*report (to)*	berichten
describe (to)	beschreiben	*say (to)*	sagen
dictate (to)	diktieren	*suggest (to)*	vorschlagen / andeuten
introduce (to)	vorstellen		

99 Verbs with two objects

With verbs like *give*, the longer or the stressed object is placed at the end of the sentence. With verbs like *explain*, the indirect object usually follows the direct object.

An das Verb *tell* wird das Personalpronomen direkt angeschlossen, während es an *say* mit *to* angeschlossen wird:

He didn't	**tell** ***us***	anything.	
He didn't	**say**	anything	**to** ***us***.

Die übliche Reihenfolge direktes Objekt – indirektes Objekt (mit *to*) kann nur dann geändert werden, wenn das direkte Objekt besonders lang ist oder besonders hervorgehoben werden soll:

	Indirektes Objekt	Direktes Objekt
The headmaster explained	***to* the parents**	**the advantages of the new examination system.**

100 Verben mit Objekt + Ergänzung

Subjekt	Verb	Objekt	Ergänzung (zum Objekt)
The early settlers	called	**America**	**the New World.**
Many of them	found	**life**	**very hard.**

Bei bestimmten Verben steht nach dem direkten Objekt noch eine notwendige Ergänzung zu diesem Objekt. Diese Ergänzung kann ein Nomen oder ein Adjektiv sein.

Anschluss der Objektergänzung ohne Präposition oder mit *as*

The gold in California attracted thousands of pioneers, but it only **made** *a few of them* **rich.**
Today, many people still **regard** *America* ***as* the land of endless opportunities.**
During the War of Independence, the Americans **chose** *George Washington* ***as* their leader.**
Later they **elected** *him* **President**, and after his death they **called** *their new capital city* **Washington.**

Bei manchen Verben wird die Objektergänzung ohne Präposition angeschlossen, bei anderen mit der Präposition ***as***.

Ohne Präposition:		**Mit *as*:**
appoint (someone captain)		*accept (something) as (the truth)*
call (s.o. a fool)		*choose (s.o.) as (one's leader)*
crown (s.o. Queen)		*describe (s.o.) as (a good friend)*
declare (s.o. the winner)		*look upon (s.o.) as (a hero)*
elect (s.o president)		*regard (s.th.) as (certain)*
find (s.th. interesting)		*recognize (s.th) as (a fact)*
make (s.o. happy)		*treat (s.o.) as (a complete idiot)*
think (s.th. unnecessary)		
consider (s.th. a problem)	Oder:	*consider (s.th.) as (a problem)*

100 Verbs with object and object complement

With a number of verbs the preposition *as* is placed before the complement. This complement can be either a noun or an adjective.

101 Verbale Ausdrücke für deutsche Adverbien

Im Deutschen drückt man eine persönliche Einstellung zu einem Geschehen häufig durch Adverbien aus, während im Englischen eher ein Verb oder eine Verbindung aus Verb + Adjektiv verwendet wird. Je nach Art des verbalen Ausdrucks folgt als Ergänzung ein *gerund*, ein Infinitiv oder ein *that*-Satz.

Vorliebe und Abneigung: *like / hate / enjoy* + *gerund*	
Kate **likes** sing**ing** Irish folk songs.	Kate singt **gern** irische Volkslieder.
I **hate** writ**ing** letters.	Ich schreibe **sehr ungern** Briefe.
I **prefer** ring**ing** my friends up.	Ich rufe meine Freunde **lieber** an.
Patrick **loves** mountain-climb**ing**.	Patrick klettert **sehr gern**.
He **enjoys** ski**ing**, too.	Er fährt auch **gern** Ski.

1 Zur Verwendung des Infinitivs nach *like, love* und *prefer* vgl. **117**.

Gewissheit, Wahrscheinlichkeit, Zufälligkeit: *be likely to / be sure to / seem to / happen to* + Infinitiv	
We'**re sure to** win the match next Saturday.	Wir gewinnen das Spiel ... **sicher**.
I think we'**re certain to** get into the next round.	... wir kommen **bestimmt** in die nächste Runde.
The weather **is likely to** stay fine.	Das Wetter bleibt **wahrscheinlich** schön.
Summer **seems to have** come at last.	Der Sommer ist **anscheinend** endlich gekommen.
There are a lot of cars outside the Browns'. They **appear to** have visitors.	Sie haben **anscheinend** Besuch.
I happened to meet some old friends of mine at the party last night.	Ich traf ... **zufällig** ein paar alte Freunde.

101 Verbal expressions for German adverbs

In English, verbal expressions such as *enjoy, prefer, be sure,* etc. are commonly used. In German, adverbs such as *gern, lieber, sicher* etc. are preferred.

2 Zu Passivkonstruktionen mit Infinitiv wie *be said to, be supposed to* im Sinn von *angeblich, vermutlich* vgl. **82**.

Bedauern, Hoffnung, Vermutung: *I'm afraid/I hope/I suppose* + *that*-Satz	
I'm afraid (that) I can't come with you on Saturday.	Ich kann am Samstag **leider** nicht mitkommen.
I hope you have a great time.	**Hoffentlich** habt ihr viel Spaß.
I suppose you'll be back quite late.	Ihr kommt **vermutlich** ziemlich spät zurück.
Fortdauer einer Handlung oder einer Gewohnheit: *go on/keep (on)/ continue + gerund*	
She told the boys to come in for lunch, but they just **went on** play**ing** football.	... aber sie spielten einfach **weiter** Fußball.
No wonder you're always tired. You **keep** go**ing** to bed so late.	Du gehst **dauernd** so spät ins Bett.
The doctor says I should **continue** tak**ing** the medicine for a few more days.	... ich sollte die Arznei noch ein paar Tage **weiter** nehmen.

3 Zur Konstruktion *used to* + Infinitiv als Entsprechung zu *früher* oder *immer* vgl. **94**.

4 Zur Verwendung von *gerund* und Infinitiv nach *continue* vgl. **117**.

101 Verbal expressions for German adverbs

Further verbal expressions corresponding to German adverbs.

Kapitel 13

Der Infinitiv

102 Formen und Funktionen des Infinitivs (Übersicht)

1. Formen des Infinitivs

Der Infinitiv gehört wie das *gerund* und das Partizip zu den infiniten Formen des Verbs (vgl. **114** und **123**). Im Gegensatz zu den finiten Verbformen enthalten die infiniten Formen keine Angaben zur grammatischen Person, Zahl (Singular oder Plural) und keine Zeitformen wie *present tense* oder *past tense*.

Carol **travels** a lot.	***travels*** = **finite** Verbform: Das Verb steht hier in der 3. Person Singular, *simple present*.
Carol wants **to travel** all over the USA.	***to travel*** = Infinitiv (Grundform), eine **infinite** Verbform.

Der Infinitiv kann von allen Verben außer den modalen Hilfsverben (*can, must* usw.) gebildet werden. Er kann mit oder ohne *to* und in verschiedenen Aktiv- und Passivformen erscheinen, wobei die Aktivformen ungleich häufiger sind.

Alice *wants* **to join** the orchestra.	Der Infinitiv mit *to* steht nach vielen Vollverben.
Peter *can* **play** the piano.	Der Infinitiv ohne *to* steht – nach den meisten modalen Hilfsverben (vgl. **87.2**),
His parents *made* him **learn** the violin. Why don't they *let* Sally **take** singing lessons?	– nach einigen anderen Verben wie *make* und *let* (vgl. **107**),
I'd rather **play** the guitar than the piano. *We'd better* **practise** this piece again together before the concert.	– nach Wendungen wie *I'd (= would) rather* (ich würde lieber), *I'd (= had) better* (ich sollte lieber).
Your old cello could **be repaired**, couldn't it? Concerts like this ought **to be advertised** better.	Die Passivform des Infinitivs wird gebildet aus *(to) be + past participle*.

1 Nach *help* kann der Infinitiv mit oder ohne *to* verwendet werden:

Can I *help* you **(to) tidy** up?
Would you *help* **(to) put** these things in the car?

102 Forms of the infinitive

The infinitive is used with *to* after most verbs, but without *to* after *make, let* and most modal auxiliaries.

2 Zur Verneinung wird dem Infinitiv das Wort *not* vorangestellt:

We decided ***not* to go** to the concert after all.	Wir entschlossen uns, doch nicht … zu gehen.

3 Seltenere Formen:

I've just heard from the Jacksons. They seem **to be having** a great time in Colorado.	*progressive form* des Infinitivs: *(to) be + present participle*
The Whites' luggage has gone. They appear **to have left** already. The beds ought **to have been made** before the guests arrived.	Perfektformen des Infinitivs: Aktiv: *(to) have + past participle* Passiv: *(to) have been + past participle*

2. Die Verwendung der Passivformen

He decided **to call** the police.
(Vgl.: He **called** the police.)
They asked **to be informed** at once.
(Vgl.: They **were informed** at once.)

Large cities usually have a high crime rate.
But that is, of course, **to be expected**.
Aber das ist natürlich **zu erwarten**.
It remains **to be seen** whether traffic on this road will be less heavy when the motorway is finished.
Es bleibt **abzuwarten**, ob …

Der Infinitiv erscheint meistens in der Aktivform.
Die Passivform wird nur gebraucht, wenn man auch im einfachen Satz eine passive Form verwenden würde.
Auch nach *be* und *remain* steht die Passivform des Infinitivs, wenn die Bedeutung passivisch ist. Im Deutschen steht hier trotz des passivischen Sinns die Aktivform.

102 The use of the passive infinitive
The passive infinitive is used after *be* and *remain* when the meaning is passive (e.g. *is to be expected)*.

3. Funktionen im Satz

Infinitivkonstruktionen können im Satz verschiedene Funktionen erfüllen, vor allem solche, die auch ein Nomen erfüllen kann. Sie erscheinen

Subjekt

To sail across the Atlantic The voyage across the Atlantic	was an enormous adventure in the days of Columbus.	– als Subjekt (selten)

Objekt

Sailors in those days did not expect	**to travel in comfort.** a comfortable journey.	– als Objekt

Adverbiale Bestimmung

The old sailing ships took weeks	**to get to America.** for the voyage to America.	– als adverbiale Bestimmung

* Der Infinitiv erscheint auch als Attribut zu einem Nomen (hier: *time*):

	The best time **to start**	was the early summer.
Vgl.:	The best time **for departure**	was the early summer.

103 Die „Objekt + Infinitiv"-Konstruktion

		Infinitiv	
Mum wants		**to cut** the lawn (herself).	Mama möchte (selbst) den Rasen mähen.
	Ben	**to cut** the lawn.	Mama möchte, dass **Ben** den Rasen mäht.
	Objekt + Infinitiv		

Bei Verben wie *want* und *expect* gibt es zwei Möglichkeiten, den Infinitiv anzuschließen: Der Infinitiv kann direkt folgen. Dabei ist das Subjekt (hier im Beispiel: *Mum*) für den ganzen Satz gültig.
Man kann aber auch zwischen Verb und Infinitiv ein „Objekt" einschieben (hier: *Ben*). Dieses kann als Sinnsubjekt der Infinitivkonstruktion betrachtet werden. Im Deutschen benützt man hier einen *dass*-Satz, der ein anderes Subjekt hat als der Hauptsatz.

Mum wants ***me*** **to cut** the lawn.	Mama möchte, dass ich den Rasen mähe.

Wird statt eines Nomens ein Personalpronomen eingeschoben, so hat es die Objektform (hier: *me*). Daher wird diese Konstruktion auch „Objekt + Infinitiv"-Konstruktion genannt. (Zur Verwendung der einzelnen Verben vgl. **105–108**.)

102 Functions of the infinitive in the sentence
Infinitive constructions can be used as the subject or the object of a sentence or as an adverbial.

103 The "object + infinitive" construction
Verbs such as *want* und *expect* can be followed by just an infinitive or by an "object + infinitive" construction.

Kapitel 13

104 Die Infinitivkonstruktion mit *for*

		Infinitiv	
It is important		**to send** this parcel off today.	Es ist wichtig, dieses Paket heute abzuschicken.
It is important	***for this parcel***	**to go** off today.	Es ist wichtig, dass dieses Paket heute abgeht.
	for **+ Objekt**	**+ Infinitiv**	

Hasn't the postman come yet? It's unusual ***for him*** **to be so late.**	Es ist ungewöhnlich, dass er so spät kommt.
It's normal ***for letters and parcels*** **to take longer at Christmas time.**	Es ist normal, dass Briefe … in der Weihnachtszeit länger brauchen.

Nach Wortgruppen mit dem Strukturwort *it* wie *it is important* usw. kann vor den Infinitiv ebenfalls ein Nomen oder Pronomen (im Objektfall) eingeschoben werden, doch muss es hier mit *for* eingeleitet werden. Im Deutschen verwendet man stattdessen meist einen *dass*-Satz. *For* entspricht hier nicht dem deutschen *für*, sondern ist ein Signal dafür, dass das Nomen/Pronomen Sinnsubjekt der Infinitivkonstruktion ist.

We'd better not leave the house yet. I'm still waiting ***for Jane*** **to ring up.**	… Ich warte immer noch darauf, dass Jane anruft.
I've arranged ***for a taxi*** **to pick you up at nine.**	Ich habe vereinbart, dass ein Taxi euch um neun abholt.
There's no need ***for you*** **to worry.**	

Diese Infinitivkonstruktion kommt auch nach einigen Verben und Nomen vor.

* Die *for* + Objekt + Infinitiv-Konstruktion kann auch einen Zweck oder eine Folge ausdrücken. Das ist besonders in Sätzen mit *too* und *enough* der Fall:

Here are some sandwiches ***for you*** **to eat on the journey.**	Hier sind ein paar belegte Brote für die Reise. (…, die du … Reise essen kannst.)
They were trapped by the tide. The sea had come up **too high *for them* to walk back over the rocks.**	… Die See war schon zu hoch, als dass sie über die Klippen hätten zurückgehen können.
Luckily the beach was just **wide enough *for a helicopter* to land.**	… gerade breit genug, dass ein Hubschrauber landen konnte.

104 The infinitive construction with *for*

The construction *for* + noun / pronoun + infinitive can be used after expressions like *it is important, it is unusual.*

105 Der Infinitiv nach Verben, die einen Wunsch oder eine Absicht ausdrücken

want, wish, like, expect (+ Objekt) + Infinitiv	
Konstruktion ohne Objekt	**Konstruktion mit Objekt**
We **want to go** up into the mountains this weekend. We **expect to leave** early on Monday morning. Steve **would like to fly** to Canada next summer.	We **wanted** ***Chris*** **to come** with us, but he can't. Wir wollten dass Chris mitkommt, … We **expect** ***the coach*** **to leave** at six thirty. **Would** you **like** ***me*** **to take** you to the airport?

Der Infinitiv beschreibt hier etwas, das noch geschehen soll. Nach *want, wish, would/should like* und *expect* kann entweder der Infinitiv allein oder die „Objekt + Infinitiv"-Konstruktion (Infinitiv mit eigenem Sinnsubjekt) angeschlossen werden.

! Sätze wie „Ich möchte, dass …" oder „Ich will, dass …" kann man nur durch eine Infinitivkonstruktion übersetzen. Ein *that*-Satz kommt hier nicht in Frage:

Ich will, dass du mir hilfst.	**I want you to** help me.
Ich möchte, dass du vorbeikommst.	**I'd like you to** come round.

* Nach *plan, intend, hope* kann der Infinitiv nur ohne Objekt angeschlossen werden. Nach *hope* wird häufig auch ein *that*-Satz benutzt.

I'm planning to do a lot of work these holidays.
Do you still **intend to read** that book I lent you?
I hope to finish "War and Peace" this weekend.
I hope (that) you do well in your exam.

106 Der Infinitiv nach Verben, die eine Aufforderung, einen Rat oder eine Warnung ausdrücken

tell, ask, advise, warn + Objekt + Infinitiv
Isn't Dave here yet? I **told** ***him*** **to wait** for us outside the cinema. Ich habe ihm gesagt, er solle vor dem Kino auf uns warten. I **advise** ***you*** **to leave** the car here and go by Underground. Ich rate euch, den Wagen hier zu lassen … Where's Julia? Dad **asked** ***her*** **to be** back by eleven. Papa hat sie gebeten, bis elf zurück zu sein. I **warned** ***the children*** **to stand** well back when the train came in. Ich ermahnte die Kinder, Abstand zu halten, …

Mit dieser Konstruktion werden in der indirekten Rede Aufforderungssätze wiedergegeben (vgl. **156.2**).

105 The infinitive after verbs expressing a wish or expectation
Want, would/should like and *expect* can be followed either by the infinitive alone or by an "object + infinitive" construction.

106 The infinitive after verbs expressing requests, advice, warnings
After verbs like *tell, ask, advise* the "object + infinitive" construction is used.

Das Verb *warn* mit bejahtem Infinitiv entspricht dem deutschen „ermahnen“. Nach *warn* im Sinne von „warnen“ wird der verneinte Infinitiv verwendet. Vergleiche:

The coastguard always **warn** people **to listen** to the weather forecast. – Die Küstenwache ermahnt die Leute immer, den Wetterbericht zu hören.

A storm was expected, so they **warned** us **not to take** the boat out at all. – ... deshalb warnte sie uns davor, überhaupt mit dem Boot hinauszufahren.

107 Der Infinitiv nach Verben, die Veranlassen oder Zulassen ausdrücken

Das deutsche *lassen* + Infinitiv kann verschiedene Bedeutungen haben: „etwas veranlassen“ oder „etwas zulassen“. Im Englischen werden diese Bedeutungen durch unterschiedliche Verben ausgedrückt.

Veranlassen: ***make* + Objekt + Infinitiv ohne *to***	**Zulassen:** ***let* + Objekt + Infinitiv ohne *to***
Mrs Baker **made *the boys* fasten** their seat belts before she drove off. Mrs Baker ließ die Jungen sich anschnallen, ... Speed limits are the only way to **make *people* drive** more slowly. ... das einzige Mittel, die Leute dazu zu bewegen, langsamer zu fahren.	Sally easily gets car-sick. We'd better **let *her* sit** at the front. Wir lassen sie besser vorn sitzen. I'll collect you in Mum's car, if she **lets *me* have** it tonight. Ich hole dich in Mamas Wagen ab, wenn sie mir erlaubt, ihn heute abend zu nehmen.
Make verwendet man im Sinn von: „jemanden dazu bringen oder zwingen, etwas zu tun“; „veranlassen, dass etwas geschieht“. (Zu *have* + Objekt + *past participle* vgl. **127**.)	*Let* verwendet man im Sinn von: „jemandem erlauben, etwas zu tun“; „zulassen, dass etwas geschieht“.

107 The infinitive after *make* and *let*

Make is used in the sense of “cause something”, *let* is used in the sense of “allow something”. In German *lassen* is used in both senses.

1 Statt *make* + Objekt + Infinitiv wird gelegentlich auch *have* gebraucht.

I'll **have** ***you*** **pay** for the damage you caused.	Ich lasse Sie den Schaden … bezahlen!

2 Ähnliche Bedeutungen haben folgende Verben, bei denen der Infinitiv **mit** *to* angeschlossen wird: *force s.o. to do s.th.* („jdn. zwingen, etwas zu tun"), *get s.o. to do s.th.* (umgangssprachlich: „jdn. dazu bringen, etwas zu tun"), *allow s.o. to do s.th.* („jdm. erlauben, etwas zu tun").

You can't **force** ***me*** **to come** with you if I don't want to.
John's parents **allow** ***him*** **to stay** up late every night.

108 Der Infinitiv nach Verben des Wahrnehmens und Beobachtens

see, hear, feel, notice, watch, observe **+ Objekt + Infinitiv ohne *to***	
I **heard** the doorbell **ring**. It must be Emma.	Ich habe es klingeln hören.
Did you **see** her **come** to the front door?	Hast du sie zur Haustür kommen sehen?
Mrs Jones **noticed** two boys **come** into the shop.	Mrs Jones bemerkte, dass zwei Jungen in den Laden kamen.
She **saw** them **take** a packet of sweets and **run** off.	Sie sah, wie sie eine Packung Bonbons nahmen und wegliefen.
"**Watch** me **jump** off this wall, Mum!" the little girl shouted.	„Schau mal, wie ich von dieser Mauer herunterspringe!" …
Im Deutschen verwendet man hier entweder wie im Englischen einen Infinitiv oder einen Nebensatz mit *dass* oder *wie*. (Zum Partizip nach solchen Verben vgl. **125**)	

An die Passivform der Verben des Wahrnehmens und Beobachtens wird der Infinitiv **mit** *to* angeschlossen:

Two men **were seen to break** into the apartment building late on Friday evening.

109 Der Infinitiv nach Fragewörtern

	Fragewort +	Infinitiv	
Could you tell me	**where**	**to park**	the car?
Could you tell me	where	I can park	the car?
	Indirekter Fragesatz		

108 The infinitive after verbs of perception and observation
After these verbs the construction "object + infinitive" without *to* is used.

109 The infinitive after question words

I don't know **what to do** this afternoon.
(… what I should do this afternoon.)
We had no idea **which** way **to go**.
(… which way we had to go.)
They had to ask a policeman **how to get** back to the main road.
(… how they could get back …)
He wondered **whether to walk** to the village or **to wait** for a bus.

Ein Nebensatz mit Fragewort bzw. *whether* und *should, can, could, must* oder *have to* kann zu Fragewort + Infinitiv verkürzt werden. Der Infinitiv ist gebräuchlicher als der Nebensatz. Im Deutschen ist nur ein Nebensatz möglich: *Ich weiß nicht, was ich heute nachmittag tun soll.* (Zu den indirekten Fragesätzen vgl. auch **156.1**.)

110 Der Infinitiv statt eines Relativsatzes mit modalem Hilfsverb

	Infinitivkonstruktion
He gave me a list of books	**to buy** for the new school year.
	which I should buy for the new school year.
	Relativsatz mit modalem Hilfsverb

I always buy a magazine **to read** on the train. (… which I can read …)
"Frankenstein" isn't exactly the film **to watch** before you go to bed.
I want to rewind the tape. Is this the button **to press?**

Hier entspricht die Infinitivkonstruktion einem Relativsatz, in dem das Relativpronomen Objekt ist. Da der entsprechende Relativsatz ein modales Hilfsverb enthält, hat diese Konstruktion die Bedeutung „sollen“, „müssen“ oder „können“.

*Infinitivkonstruktionen nach Nomen wie *place, time* entsprechen Nebensätzen mit *where* oder *when* und modalem Hilfsverb:

Ireland is an ideal ***place* to spend** a quiet holiday.
(… a place where you can spend …)
The ***time* to go** to the Lake District is the spring or early summer.
(… the time when you should go …)

111 Der Infinitiv nach *the first, the last, the only one*

	Infinitivkonstruktion
The Russian Yuri Gagarin was ***the first*** person	**to go up into space.**
	that went up into space.
	Relativsatz

109 The infinitive after question words
This construction is more common than indirect questions with *should, can, could, must, have to.*

110 Infinitives instead of relative clauses with modal auxiliaries
The infinitive in this construction expresses that something can, should or must be done.

111 The infinitive after *the first, the last, the only one*

Neil Armstrong was ***the first (man)* to set foot on the moon.** (... the first [man] who set foot on the moon.)
Of all the continents, Australia was ***the last* to be discovered.** (... the last that was discovered.)
Amundsen and his team weren't ***the only men* to reach the South Pole in 1911.** But they were ***the only ones* to return.**

Der Infinitiv kann nach Zahlenangaben wie *the first, the last, the only* verwendet werden. Hier entspricht die Infinitivkonstruktion einem Relativsatz, in dem das Relativpronomen Subjekt ist.
The first und *the last* können mit oder ohne Nomen stehen. *The only* muss dagegen mit einem Nomen oder dem Stützwort *one/ones* verbunden werden.

* Der Infinitiv steht auch nach Superlativen:

In 1976, a 12-year-old boy from Kent became ***the youngest person* to swim the English Channel.**

Uncle George stepped back in order to get the best view.

112 Der Infinitiv zum Ausdruck der Absicht oder des Zwecks

We walked right to the edge of the cliff	**Infinitivkonstruktion**
	(in order) to get the best view of the coastline.
	so that we could get the best view of the coastline.
	Nebensatz des Zwecks

Der Infinitiv (mit *to*) kann zur Angabe der Absicht oder des Zwecks verwendet werden. Zur Verstärkung kann im förmlichen Stil statt *to* auch *in order to* gebraucht werden. Die Infinitivkonstruktion entspricht hier einem Nebensatz des Zwecks (vgl. **132**), der meist schwerfälliger wirkt.

Computers ***are*** often ***used* to create the special effects in films.**	Computer werden oft benutzt, um die besonderen Effekte in Filmen zu erzeugen.
Most household machines ***are designed* to make life easier.**	Die meisten Haushaltsgeräte sind dazu bestimmt, das Leben zu erleichtern.

Der Infinitiv steht zum Ausdruck des Zwecks häufig auch nach Passivformen wie *be used, be designed.*

* Nach *be used* steht oft auch *for + gerund*:

Years ago, coal was used a lot **for heating people's homes.**

111 The infinitive after *the first, the last, the only one*

This infinitive construction corresponds to a relative clause. *The only* must be followed by a noun or by the prop-word *one/ones*.

112 The infinitive to express a purpose

The infinitive can be used to avoid a clause with *so that*. It is very common after passive forms like *be used* and *be designed*.

113 Der Infinitiv als Kommentar

To be honest, I didn't think much of the musical we saw.	Ehrlich gesagt, …
To tell you the truth, I didn't enjoy it at all.	Um die Wahrheit zu sagen, …
But, **to be fair**, some of the singers weren't too bad.	Aber, um fair zu sein, …

Diese Infinitivkonstruktionen entsprechen kommentierenden Adverbien wie *frankly, honestly, really*. Sie drücken aus, was der Sprecher über den Inhalt des Satzes denkt. Deshalb stehen sie – gewissermaßen als Einleitungsgedanke – meist am Satzanfang und werden oft durch ein Komma oder durch eine kleine Sprechpause vom restlichen Satz getrennt.

We didn't have a very good weekend in London.	
It rained the whole time we were there, **to start with**.	Zuerst einmal regnete es …
Julie's purse was stolen on the Underground, and I lost my Travelcard. **To cut a long story short**, the trip was an absolute disaster.	Kurz und gut, …

Diese Infinitivkonstruktionen dienen zur Einleitung einer Aufzählung *(to start with, to begin with)* oder zur Zusammenfassung eines Gedankengangs *(to sum up, to cut a long story short)*. Damit entsprechen sie satzverknüpfenden Adverbien wie *firstly, all in all* usw. (vgl. **148.1**).

1 Kommentierende Funktion haben auch Ausdrücke mit dem Partizip *speaking*:

Generally speaking, the British are becoming more open in their attitude to Europe.	Im Großen und Ganzen …
The number of seats in the European parliament depends, **roughly speaking**, on the size of the individual country.	… hängt grob gesagt von der Größe … ab.

2 Zum Infinitiv nach Verben und verbalen Ausdrücken, die Gewissheit, Wahrscheinlichkeit, Zufälligkeit bezeichnen (*be sure, seem, happen* usw.) vgl. **101**.

113 The infinitive to express a comment

Such infinitives are, for example, *to be honest, to tell you the truth, to be fair*. They are usually placed at the beginning of a sentence.

Kapitel 14

Das *gerund*

114 Formen und Funktionen des *gerund* (Übersicht)

1. Formen

Das *gerund* gehört zu den drei infiniten Verbformen (vgl. **102.1** und **123.1**).

I really like **living** here in Washington.	Es hat dieselbe Form wie das *present participle*. Beide heißen auch *-ing*-Form.
At first, my sister and I were a little afraid of **being sent** to an American school.	Die Passivform des *gerund* wird aus *being + past participle* gebildet.

1 Zur Verneinung wird der *gerund*-Konstruktion das Wort *not* vorangestellt.

I enjoy lying in the sun and ***not* doing** anything.

2 Das *gerund* hat folgende, seltener gebrauchte Perfektformen:

I think I remember **having seen** that girl at the athletics meeting last June.	Aktiv: *having + past participle*
My brother is so proud of **having been chosen** for the school football team.	Passiv: *having been + past participle*

2. Funktionen im Satz

Das *gerund* ist die Form des Verbs, die dem Nomen am ähnlichsten ist. Wie ein Nomen kann es nach Präpositionen stehen (vgl. **118–121**). Im Satz erscheint das *gerund*

Travelling all day Long journeys	can be very tiring.	– als Subjekt
I actually quite enjoyed	**flying to Australia.** the flight to Australia.	– als Objekt
You can't get on the coach	**without showing your ticket.** without a ticket.	– als adverbiale Bestimmung (mit einer Präposition)

114 Forms and functions of the gerund

There are active and passive forms of the gerund. The gerund is used as the subject or the object of a sentence or as an adverbial (together with a preposition).

Das *gerund* erscheint auch als prädikative Ergänzung zum Subjekt (nach dem Verb *be*) und – zusammen mit einer Präposition – als Attribut zu einem Nomen (hier: *chance*):

Jenny's latest hobby is **river-rafting**.
My main interest has always been **rock-climbing**.
Is there any chance **of getting tickets for Wimbledon next summer?**

115 Die „Objekt + *gerund*"-Konstruktion

Teachers don't like		**taking**	risks on school trips.	Lehrer gehen … nicht gern Risiken ein.
Teachers don't like	***their pupils***	**taking**	risks on school trips.	Lehrer mögen es nicht, wenn ihre Schüler … Risiken eingehen.
	Sinnsubjekt	***gerund***		

Auf Verben wie *like, hate, don't mind* kann das *gerund* direkt folgen. Zwischen Verb und *gerund* kann aber auch ein Nomen eingeschoben werden (hier: *their pupils*), das als Sinnsubjekt der *gerund*-Konstruktion betrachtet werden kann.
Im Deutschen verwendet man hier gewöhnlich einen *dass*- oder *wenn*-Satz.

I hope you **don't mind**	***me* opening** the window. ***my* opening** the window.	Ich hoffe, es macht Ihnen nichts aus, wenn ich das Fenster öffne.

Ist das Sinnsubjekt ein Pronomen, so erscheint es meist in der Objektform (*me, him, them*, usw.), seltener als Possessivbegleiter (*my, his, their*, usw.).

Next week at this time Ken will be here. I'**m** really **looking forward to him coming.**	… Ich freue mich wirklich darauf, dass er kommt.
Tell your friends I'**ve nothing against them talking** to you on the phone, but I'**m tired of them ringing** up late at night.	…, ich habe nichts dagegen, wenn sie …, aber ich habe es satt, dass sie … anrufen.
Can't you ever do anything **without your parents complaining?**	… ohne dass sich deine Eltern beschweren?

Auch nach Präpositionen kann ein Sinnsubjekt verwendet werden.

115 The "object + gerund" construction

This construction can be used after a number of verbs and after prepositions. If the subject of the gerund is a pronoun, it usually appears in the object form.

Ist das Sinnsubjekt der *gerund*-Konstruktion ein Nomen, so kann es auch als *s*-Genitiv erscheinen (seltener und förmlicher Gebrauch):

There seems to be no danger of **the President / the President's** changing his mind on this question.

116 Das *gerund* nach Verben ohne Präposition

like, enjoy, start, stop, (don't) mind, suggest usw. + *gerund*
I **like walking** in the woods in all weathers. Everyone **enjoys sitting** by the fire when it's cold outside. My brother lives nearer the office now, so he has **started cycling** to work. We've **stopped playing** tennis in the evenings now. It's simply too dark. I **don't mind going** to the cinema alone if you've got no time to come along. Mike **suggests having** the barbecue down on the beach.
Weitere Verben dieser Gruppe sind *love, prefer, hate, dislike, can't stand* (nicht ausstehen können) — *begin, continue, go on, carry on, finish* — *avoid* (vermeiden) *practise* Nach einigen dieser Verben kann auch der Infinitiv stehen, vgl. **117**.

117 *Gerund* oder Infinitiv nach bestimmten Verben

Ohne Bedeutungsunterschied *gerund* ≈ Infinitiv	
It **started snowing** last night. If it **continues being** so cold, we'll be able to skate on the lake soon. I **like skiing**, but not when it's as cold as this!	It **started to rain** when we got off the bus. The weather improved steadily and temperatures **continued to rise**. We **like to have** our meals outside in hot weather.
Bei den Verben *start, begin, continue* sowie *like, love, prefer* und *hate* besteht praktisch kein Bedeutungsunterschied zwischen der *gerund*- und der Infinitivkonstruktion.	

! Beachte jedoch: Nach *would/should like* und Kurzformen wie *I'd like, we'd like* ist nur der Infinitiv möglich:

Would you **like to hear** my new CD?
I'd like to listen to that song again.

116 The gerund after verbs without a preposition
Verbs such as *like, enjoy, start, suggest* can be followed by the gerund. Some of them can also be followed by an infinitive.

117 Gerund or infinitive after certain verbs
The verbs *start, begin, continue, love,* etc. can be followed by an infinitive or a gerund without any real difference in meaning.

1 Nach *need* hat die Aktivform des *gerund* passivische Bedeutung. Stattdessen kann auch die Passivform des Infinitivs benutzt werden.

My bike **needs cleaning / needs to be cleaned**. … muss geputzt werden.

Mit **Bedeutungsunterschied** *gerund* ≈ **Infinitiv**	
stop** + **gerund: **Bezug auf bisherige Handlung ■⇨**	***stop*** + **Infinitiv:** **Bezug auf neue, andere Handlung ■**
We all **stopped talking** when the head came into the classroom. (We didn't talk any more.) **Stop looking** at me like that. What on earth have I done wrong? Hör auf, mich so anzuschauen. …	We saw your grandma in town yesterday. So of course we **stopped to talk** to her for a moment. (We stood still in order to talk.) Let's **stop to look** at the things in this shop window. Halten wir mal an, um … anzuschauen.
Das *gerund* nennt die Handlung, die abgebrochen wird.	Der Infinitiv drückt die Absicht aus, etwas Neues zu tun.
remember, forget, regret** + **gerund: **Bezug auf Vergangenes**	***remember, forget, regret*** + **Infinitiv:** **Bezug auf Kommendes**
Inspector Adams asked him what he remembered about that afternoon. He **remembered going** to the bank and then **buying** some stamps at the post office. Er erinnerte sich daran, dass er zur Bank gegangen war … "I'll never **forget seeing** those two men in masks," he told the inspector. „Ich werde nie vergessen, wie ich … gesehen habe," … "I should never have tried to talk to them," he added. "I **regret doing** that now." „Nun bedaure ich, dass ich das getan habe."	I must **remember to go** to the bank this afternoon. Ich muss daran denken, … zur Bank zu gehen. Luckily I still **remembered to buy** some stamps. Zum Glück habe ich noch daran gedacht, Briefmarken zu kaufen I **forgot to post** your letter, I'm afraid. Here it is, still on the hall table. Ich habe leider vergessen, deinen Brief einzuwerfen. We **regret to inform** customers that this Post Office will be closed from January 1st. Wir bedauern, unseren Kunden mitteilen zu müssen, …
Das *gerund* steht für eine Handlung, die zu einem bestimmten Zeitpunkt schon stattgefunden hat.	Der Infinitiv steht für eine Handlung, die zu einem bestimmten Zeitpunkt noch bevorsteht.

2 Das *gerund* nach *try* bezeichnet eine Methode, ein Ziel zu erreichen:

I don't like my hair! – Why don't you **try having** it short? I'm sure it would look good.
(… – Warum probierst du es nicht mal mit einem Kurzhaarschnitt?)

Der Infinitiv nach *try* bezeichnet das Ziel, das man erreichen will:

I **tried to get** an appointment at the hairdresser's, but they're full up all week.
(Ich habe versucht, einen Termin beim Friseur zu bekommen …)

117 Gerund or infinitive after certain verbs

After the verbs *stop, remember, forget* and *regret*, the gerund and the infinitive have different meanings.

3 *Mean* + Infinitiv bezeichnet eine Absicht, *mean* + *gerund* bezeichnet eine logische Folge:

I **mean to find** out whether Jane Brown still lives in Birmingham. That **means looking** through all the Browns in the telephone book!	Ich beabsichtige herauszufinden, ob … Das bedeutet, dass ich alle Browns im Telefonbuch durchgehen muss.

118 Das *gerund* nach Verb + Präposition

succeed in, dream of, look forward to* usw. + *gerund

In 1885, Karl Benz **succeeded in building** the first petrol-powered car.	1885 gelang es Karl Benz, das erste mit Benzin angetriebene Auto zu bauen.
It was Henry Ford who first **thought of using** the assembly line system in a car factory.	Henry Ford kam als Erster auf die Idee, das Fließbandsystem … zu benutzen.
I've always **dreamed of having** a motor home and **exploring** the States from coast to coast.	Ich habe schon immer davon geträumt, ein Wohnmobil zu besitzen und die Staaten von Küste zu Küste zu erforschen.
I'm sure the trip to Hawaii will be great. We're all **looking forward to going.**	… Wir freuen uns alle darauf (hinzufahren).

Weitere Verben mit Präposition + *gerund*:

complain about	sich über etwas beschweren	*insist on*	auf etwas bestehen
worry about	sich wegen etwas Sorgen machen	*rely on*	sich auf etwas verlassen
talk about	von etwas reden		

! Beachte, dass *to* in *look forward to* eine Präposition und nicht Teil des Infinitivs ist. Deshalb muss das *gerund* bzw. ein Nomen folgen:

He was **looking forward to** { his holiday. / **going** on holiday. }

Not many succeed in reaching the top.

118 The gerund after verb + preposition

The gerund can be used after expressions like *succeed in, dream of, look forward to.*

119 Das *gerund* nach verbalen Ausdrücken wie *be interested in, be good at, be afraid of*

be interested in, be good at, be afraid of usw. + *gerund*	
I'**m interested in reading** detective stories, but I'**m not good at guessing** "who did it"!	Ich lese gern Kriminalgeschichten, aber ich bin nicht gut darin, zu erraten, wer der Täter ist.
I'd like to get my father a book for his birthday, but I'**m afraid of choosing** the wrong thing.	... aber ich habe Angst, das Falsche auszuwählen.

Diese Verbindungen aus *be* + Adjektiv erfüllen die gleiche Aufgabe wie Verben (vgl. *be interested in s.th. = like s.th.*).

Weitere solche Ausdrücke:

be fond of	etwas gern tun	*be famous for*	bekannt / berühmt für etwas sein
be proud of	stolz auf etwas sein	*be crazy about*	verrückt nach etwas sein
be ashamed of	sich für etwas schämen	*be used to*	etwas gewohnt sein
be tired of	einer Sache müde / überdrüssig sein		
be keen on	auf etwas aus sein / etwas gern tun		

Eine Reihe dieser Ausdrücke kann auch mit *feel* oder *get* konstruiert werden:
Bob ***feels ashamed of behaving*** *so badly at your party.*
I'm ***getting tired of talking*** *about other people's problems.*

* Die verbalen Ausdrücke *be proud, be interested, be keen, be afraid* können auch mit dem *to*-Infinitiv verwendet werden. Er bezieht sich meist auf eine konkrete Handlung, während das *gerund* eher etwas Allgemeines ausdrückt. Vergleiche:

I'**m interested in watching** old movies.	I'**ll be interested to watch** the video you've just made. (= I'd like to watch it.)
A lot of people **are afraid of walking** through the streets after dark.	Can you take me home? I'**m afraid to walk** back in the dark. (= I don't want to do it.)

He's interested in reading detective stories.

119 The gerund after verbal expressions like *be interested in, be good at, be afraid of*

Like verbs + preposition, these expressions are followed by the *gerund*.

120 Das *gerund* nach Nomen + Präposition

(be in) danger of, (have) difficulty in, (the) idea of usw. + *gerund*	
We're in **danger of running** out of petrol.	Wir laufen Gefahr, dass uns das Benzin ausgeht.
We had **difficulty in getting** spare parts for the car when it broke down in Spain.	Wir hatten Schwierigkeiten, Ersatzteile für den Wagen zu bekommen, …
The **idea of driving** all the way down to Greece in that old van is quite absurd.	Die Idee, in diesem alten Lieferwagen ganz bis nach Griechenland hinunterzufahren, …

Weitere Nomen dieser Gruppe sind: *(a) chance of, (an) opportunity of, (a) way of.*

Nach *chance, opportunity, way* ist auch der Infinitiv mit *to* möglich:

When Columbus discovered America, he was really looking for a new **way of reaching** / a new **way to reach** India.
After he had returned to Spain, he soon had another **chance of exploring** / another **chance to explore** the new continent.

121 Präposition + *gerund* als adverbiale Bestimmung

Das *gerund* nach *on, for, in spite of* als Alternative zu englischen Nebensätzen

Präposition + *gerund*	***On seeing* land after so many weeks at sea,**	Captain Cook's men shouted for joy.
Nebensatz	When they saw land after so many weeks at sea,	
Präposition + *gerund*	***In spite of checking* their position by the stars,**	sailors in those days could never be quite sure of where they were.
Nebensatz	Although they checked their position by the stars,	
The men on board thanked God	***for leading* them safely to this foreign land.**	Präposition + *gerund*
	because he had led them safely to this foreign land.	Nebensatz

Solche *gerund*-Konstruktionen entsprechen Nebensätzen der Zeit *(on)*, der Einräumung *(in spite of)* und des Grundes *(for)*.

Konstruktionen aus *before/after* + *-ing*-Form entsprechen ebenfalls adverbialen Nebensätzen. Sie lassen sich als Präposition + *gerund* oder als Konjunktion + *present participle* auffassen (vgl. **129.2**).

Make sure you've filled in the form correctly **before sending** it off.
Vergewissere dich, dass du das Formular richtig ausgefüllt hast, bevor du es abschickst.
After looking at all the brochures, we finally decided to book a week in Vienna. (Nachdem wir alle Broschüren angeschaut hatten, …)

120 The *gerund* after noun + preposition
The gerund is used after expressions like *be in danger of, have difficulty in.*
After *chance, opportunity, way,* it is also possible to use the infinitive.

121 Prepositions + *gerunds* as adverbials
Gerund constructions with *on, in spite of, for* correspond to adverbial clauses.

Das *gerund* nach *instead of, by, without, apart from, as well as* ohne Nebensatz-Alternative im Englischen	
Peter has decided to look for a job **instead of staying** on at school.	... anstatt auf der Schule zu bleiben..
He earned some money last summer **by working** for the Post Office.	..., indem er bei der Post arbeitete.
She made a bad impression at the interview. She just came in **without knocking**.	... Sie kam einfach herein, ohne anzuklopfen.
Apart from being a qualified nurse, Caroline is also an experienced cook.	Abgesehen davon, dass sie eine ausgebildete Krankenschwester ist, ...
Sue works at the bookshop on Saturdays **as well as doing** a part-time job at the library.	Sue arbeitet samstags in der Buchhandlung und hat zusätzlich noch eine Teilzeitstelle in der Bibliothek.

Zu diesen *gerund*-Konstruktionen gibt es im Englischen keine entsprechenden Nebensätze. Im Deutschen werden sie durch Infinitivkonstruktionen, Nebensätze oder Hauptsätze wiedergegeben.

122 Das *gerund* nach Ausdrücken wie *it's no use, there is no, what about*

It's no use ringing the bell – they're obviously out.	Es hat keine Zweck zu klingeln, ...
It's no good calling for Dad – he's gone to the office.	Es nützt nichts, nach Papa zu rufen ...
There's no knowing what may happen if you leave that dog alone in the house.	Man kann nie wissen, was passiert, ...
What about / How about inviting the Watsons to supper tomorrow?	Wie wär's, wenn wir Watsons morgen zum Abendessen einladen würden?
It's worth / worthwhile going to the farm shop for vegetables. They taste so much better than the stuff at the supermarket.	Es lohnt sich, zum Laden auf dem Bauernhof zu gehen, um Gemüse zu kaufen ...

Nach diesen Ausdrücken ist nur das *gerund* möglich, obwohl sonst auf die Konstruktion *it is* + Adjektiv / Nomen meist der Infinitiv folgt.

121 Prepositions + gerunds as adverbials
Gerunds after *instead of, by, without, apart from, as well as* have no corresponding adverbial clauses in English.

122 The gerund after expressions like *it's no use, there is no, what about*

Kapitel 15

Das Partizip

123 Formen und Funktionen des Partizips (Übersicht)

1. Formen

Das Partizip gehört wie der Infinitiv und das *gerund* zu den infiniten Verbformen, weil es keine Angaben zur grammatischen Person, Zahl (Singular oder Plural) und keine Zeitformen wie *present tense* oder *past tense* hat (vgl. **102.1** und **114.1**).

Man unterscheidet folgende Formen des Partizips:

We watched the workmen **pulling** down the house. I talked to one of the men **working** on the building-site. We watched the house **being pulled** down. **Having shown** us his plans, the architect then told us about prices. The old town hall is now a very attractive building, **having been** completely modernized.	1. Das *present participle* Es wird wie das *gerund* aus der Grundform des Verbs und der Endung *-ing* gebildet und wird deshalb auch *-ing*-Form genannt. (Zur Schreibung vgl. **59.1**). Weitere Formen des *present participle* sind: – Die einfache Passivform *(being + past participle)* – Die Perfektform Aktiv *(having + past participle)* – Die Perfektform Passiv *(having been + past participle)*
I noticed some young trees **planted** at the side of the road. The village church, **built** in Norman times, is famous for its beautiful windows.	2. Das *past participle* Die regelmäßigen Formen werden aus der Grundform des Verbs und der Endung *-ed* gebildet. (Zu Schreibung und Aussprache vgl. **60.1** und **62.1**.) Zu den unregelmäßigen Formen vgl. **Anhang 1**.

Zur Verneinung wird dem Partizip das Wort *not* vorangestellt:

They decided to buy the cottage, ***not* realizing** how expensive the repairs would be.

123 Forms of the *present* and *past participle*

2. Funktionen im Satz

Im Satz erscheint das *present participle* und das *past participle*

After the crash, some of the passengers still remained **trapped in the wreckage.** / **sitting in their seats.** / calm.

When talking to police later,
When he talked to police later,

When questioned by police later,
When he was questioned by police later,

the driver said he had lost control of the vehicle.

– als Ergänzung zu bestimmten Verben, wie *be, seem, remain,*

– als adverbiale Bestimmung.

Das *present participle* und das *past participle* erscheinen auch als Attribut vor Nomen und werden dann oft als Adjektive betrachtet:

Panic broke out on the { **sinking** / **damaged** } ship.

We stood watching the sunset ...

124 Das Partizip nach Verben der Ruhe, des Kommens oder Gehens

Verben wie *sit, stand, lie + present participle*

Our cat is too old to catch any mice. It just **sits watching** the fish in the aquarium all day. ... Sie **sitzt** den ganzen Tag nur da **und schaut** die Fische ... **an.**
They **stood waiting** outside the cinema for twenty minutes. Sie **standen ... und warteten.**

Diese Konstruktion beschreibt zwei gleichzeitig ablaufende Handlungen, d. h. es werden zwei Aussagen über das Subjekt gemacht (hier im ersten Beispiel: *sitzen **und** anschauen*). Im Deutschen werden hier häufig zwei durch *und* verbundene Verben verwendet.

123 Functions of participles in the sentence
Present and past participles can be used as complements to verbs like *be, seem, remain,* and as adverbials.

124 Participles after verbs describing a position or movement
Here the present participle shows that another action is going on at the same time.

Verben wie *remain, come, go* + *present participle*

We can't **stay talking** here all day.
Wir können nicht ... **bleiben und reden.**
They **remained sitting** at the table long after the meal was over.
Sie **blieben** ... **sitzen** ...
When I was at the bus stop yesterday, a little boy **came running** up to me.
..., **kam** ein kleiner Junge auf mich **zugelaufen**.

Bei *remain* und *come* wird das *present participle* im Deutschen durch einen Infinitiv oder ebenfalls durch ein Partizip wiedergegeben.

Verben wie *remain, lie* + *past participle*

The drinks were popular, but most of the food **remained untouched**.
... **blieb unberührt**.
It was unusually cold. Even the beach **lay covered** in snow. ... **lag** schnee**bedeckt** da.

Das *past participle* beschreibt hier das Ergebnis einer vorangehenden Handlung. Im Deutschen ist hier oft eine wörtliche Übersetzung (mit einem Partizip Perfekt) möglich.

Some of the neighbours watched us moving in.

125 Das Partizip nach Verben des Wahrnehmens und Beobachtens

see, hear, feel, notice, find, watch, observe + **Objekt** + *present participle*	
Some of the neighbours **watched** us **moving** in.	Einige Nachbarn schauten zu, wie wir einzogen.
I **heard** Susan **talking** on the telephone.	Ich hörte Susan telefonieren.
I **didn't see** her **leaving** the house.	Ich sah nicht, wie sie das Haus verließ.

Dieser Konstruktion entspricht im Deutschen ein Infinitiv oder ein Nebensatz mit *wie*.

Auch die Passivformen von *see, hear, watch, find* können mit dieser Konstruktion verbunden werden:

Mr Macdonald **was** last **seen leaving** the Black Lion at 9.45 last night.

124 Participles after verbs describing a position or movement
The past participle expresses the result of an action.

125 The present participle after verbs of perception and observation
The present participle can be used after the verbs *see, hear, feel,* etc. + object.

126 Gegenüberstellung: Partizip und Infinitiv nach Verben des Wahrnehmens und Beobachtens

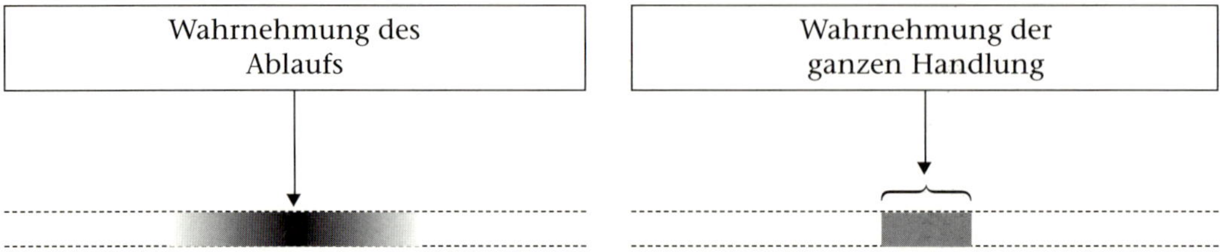

Present participle: **Wahrnehmung des Ablaufs**	**Infinitiv: Wahrnehmung des ganzen Geschehens**
Do you **hear** those people **speaking** German? – Yes, I think they're Swiss. We **noticed** Mr Smith **planting** a new hedge when we went past.	I **heard** the doorbell **ring**, but when I looked, there was nobody there. We **saw** the man **open** the car door, **put** in the box and **drive** off.
Das *present participle* drückt aus, dass eine Handlung gerade abläuft. Es wird besonders dann gewählt, wenn nur ein Ausschnitt aus der Handlung wahrgenommen wird, Anfang oder Ende jedoch nicht. Das *present participle* entspricht hier der *progressive form* im einfachen Satz. Vgl. mit dem letzten Beispiel: *Mr Smith* ***was planting*** *a new hedge when we went past.*	Der Infinitiv drückt aus, dass eine Handlung von Anfang bis Ende als Gesamtvorgang wahrgenommen wird. Dies ist häufig der Fall, wenn ein Geschehen von kurzer Dauer oder eine Folge von Handlungen beschrieben wird. Der Infinitiv entspricht hier der *simple form* im einfachen Satz. Vgl. mit dem letzten Beispiel: *The man* ***opened*** *the car door,* ***put*** *in the box and* ***drove*** *off.*

127 Das *past participle* nach *have* und *get* in der Bedeutung *veranlassen*

have/get **+ Objekt +** ***past participle:*** **„etwas machen lassen"**	
We **have** the heating **checked** every year. We can't do that job ourselves. Your jacket looks good. – Yes, I **had** it **cleaned** last week. My watch doesn't work properly any more. – Well, why don't you **get** it **repaired**?	Wir **lassen** die Heizung jedes Jahr **überprüfen**. …, ich habe sie … **reinigen lassen**. Warum **lässt** du sie nicht **reparieren**?
Have wird in dieser Konstruktion auf allen Stilebenen verwendet, *get* nur in der Umgangssprache.	

126 Present participle or infinitive after verbs of perception?

The present participle describes an activity in progress, the infinitive a complete action from beginning to end.

127 The present participle after *have* and *get*

This construction corresponds to German „etwas machen lassen".

! Die Konstruktion *have* + Objekt + *past participle* darf nicht mit dem *present perfect* verwechselt werden. Beachte die unterschiedliche Stellung des Objekts.

		Objekt		
She usually	**has**	her hair	**cut**	at the hairdresser's.

Sie **lässt** sich die Haare gewöhnlich beim Friseur **schneiden**.

		Objekt	
She	**has cut**	her hair	herself this time.

Sie **hat** sich diesmal die Haare selbst **geschnitten**.

Gegenüberstellung: Infinite Konstruktionen nach Verben des Veranlassens und Zulassens		
have/get + Objekt + *past participle*: **Veranlassen**, dass etwas getan wird	***make*** + Objekt + Infinitiv ohne *to*: **Veranlassen**, dass jemand etwas tut	***let*** + Objekt + Infinitiv ohne *to*: **Zulassen**, dass jemand etwas tut
Our neighbours usually **have** their hedge **cut** by a gardener. There's a hole in the fence. We'll have to **get** it **repaired**.	We get a lot of shade from that big tree. But we can't **make** the neighbours **cut** it down.	Ben wanted to help, so I **let** him **plant** the apple tree. Don't **let** the dog **run** over the new lawn.

* Als Entsprechungen zu „lassen" kommen auch *leave* und *keep* vor:

Don't **leave** your bag in the car.	Lass deine Tasche nicht im Auto liegen.
Who's **left** the window open?	Wer hat das Fenster offen gelassen?
She **kept** her coat on.	Sie ließ ihren Mantel an.
I'm sorry to **keep** you waiting.	Es tut mir leid, euch warten zu lassen.

128 Das Partizip anstelle eines Relativsatzes

	Partizipialkonstruktion / Relativsatz				
The girl			***standing*** **next to the Queen**		must be one of her grandchildren.
	who	***is***	***standing*** **next to the Queen**		
The crowns			***worn***	**by the Royal family on state occasions**	are on show in the Tower of London.
	which	***are***	***worn***	**by the Royal family on state occasions**	

Diese Partizipialkonstruktionen sind Alternativen zu Relativsätzen, in denen das Relativpronomen Subjekt ist. Dabei tritt das *present participle* für Relativsätze im Aktiv, das *past participle* für Relativsätze im Passiv ein.

127 The use of participles and infinitives after *have, make* and *let*

128 Participles used instead of relative clauses

These participle constructions correspond to relative clauses in which the relative pronoun is the subject.

✱ Die Konstruktion mit dem *present participle* wird vor allem dann verwendet, wenn das Verb im Relativsatz in der *progressive form* erscheinen würde. Sie wird außerdem bei einigen Verben verwendet, die normalerweise nur in der *simple form* gebraucht werden, z. B. bei *belong to, lead (somewhere)* und *consist of.*

The train now **arriving** at Platform 4 is for Reading and Paddington only.
(The train which **is** now **arriving** at Platform 4 …)
Passengers are warned not to look after bags **belonging** to other people.
(… bags which **belong** to other people.)

129 Partizipialkonstruktionen als adverbiale Bestimmungen

1. Partizipialkonstruktionen ohne Konjunktionen

Partizipialkonstruktionen und vergleichbare Nebensätze

	Partizipalkonstruktion / Nebensatz	Hauptsatz
present participle	**Getting off the bus on his way home,**	he suddenly saw her on the other side of the street.
Nebensatz	**When** he got off the bus on his way home,	
present participle (verneint)	**Not knowing her friends' new address,**	Sarah was not able to contact them.
Nebensatz	**As** she didn't know her friends' new address,	
past participle	**Warned about the high prices in the city centre,**	the Jacksons were looking for a flat further out of town.
Nebensatz	**As** they had been warned about …,	

Diese Partizipialkonstruktionen kann man als verkürzte adverbiale Nebensätze auffassen. Sie werden meist durch ein Komma vom Hauptsatz getrennt.
Wie die Beispiele zeigen, entsprechen solche Partizipialkonstruktionen meist Nebensätzen der Zeit (Beispiel 1) oder des Grundes (Beispiel 2 und 3). (Zu den Nebensätzen vgl. ■ **132**.)
Konstruktionen mit dem *present participle* entsprechen Aktivsätzen (Beispiel 1 und 2), solche mit dem *past participle* entsprechen Passivsätzen (Beispiel 3).
Partizipialkonstruktionen dieser Art wirken fast immer förmlich und werden hauptsächlich in der Schriftsprache verwendet.

129 Participle constructions as adverbials

These constructions can be seen as shortened adverbial clauses.
If they are used without conjunctions, they usually correspond to clauses of time or reason.

*Die Konstruktion mit dem *present participle* kann auch die Begleitumstände einer Handlung beschreiben, besonders wenn sie nachgestellt ist. Sie wird dann im Deutschen meist durch einen eigenen Hauptsatz wiedergegeben, manchmal auch durch einen Nebensatz mit *indem* oder *wobei*.

The tourists followed the guide up the hill, **taking photos and admiring the view.**	Die Touristen folgten dem Reiseleiter … Sie machten Fotos und bewunderten die Aussicht. / ,… **wobei** sie Fotos machten und die Aussicht bewunderten.
The Beefeaters at the Tower like to amuse the visitors, **making jokes and telling funny stories.**	Die Beefeaters unterhalten die Besucher gern, **indem** sie Witze machen …

2. Partizipialkonstruktionen mit Konjunktionen

Partizipialkonstruktionen und vergleichbare Nebensätze

	Partizipialkonstruktion / Nebensatz	Hauptsatz
present participle	***While* staying in Detroit,**	Julia met one of her old Cambridge friends.
Nebensatz	***While*** she was staying in Detroit,	
past participle	***Though* trained as chemist,**	he was now working in the auto industry.
Nebensatz	***Though*** he was / had been trained as a chemist,	

Hauptsatz	Partizipialkonstruktion / Nebensatz	
The cab driver looked at me strangely	***as if* expecting a larger tip.**	*present participle*
	as if he was expecting a larger tip.	Nebensatz

Partizipialkonstruktionen können auch, wie Nebensätze, durch Konjunktionen (z. B. *when, while, though, as if*) eingeleitet werden. Die Bedeutung der Partizipialkonstruktion hängt dann von der Konjunktion ab. (Zu den Konjunktionen vgl. **132**.)

*Zu Konstruktionen mit *before* und *after* + *-ing*-Form vgl. 211 *.

129 Participle constructions as adverbials

Participle constructions can also be introduced by certain conjunctions (e.g. *when, while, as if*).

130 Partizipialkonstruktionen mit eigenem Subjekt

1. Vergleich mit „verbundenen" Partizipialkonstruktionen

In 129 wurden Partizipialkonstruktionen dargestellt, die dasselbe Subjekt wie der Hauptsatz haben („verbundene Partizipialkonstruktionen"). Es gibt aber auch Partizipialkonstruktionen mit eigenem Sinnsubjekt („unverbundene" oder „absolute Partizipialkonstruktionen"). Vergleiche:

Verbundene Partizipialkonstruktionen	Hauptsatz
Being half Italian, As **she** is half Italian,	**she** feels very much at home in Italy.

Diese Partizipialkonstruktionen haben – wie die vergleichbaren Nebensätze – dasselbe Subjekt wie der Hauptsatz (hier: *she*), d. h. sie sind mit dem Subjekt des Hauptsatzes „verbunden".

Absolute Partizipialkonstruktion	Hauptsatz
The climate being so mild, As **the climate** is so mild,	**Madeira** is popular for holidays all the year round.

Diese so genannten „absoluten" Partizipialkonstruktionen sind nicht mit dem Subjekt des Hauptsatzes (hier: *Madeira*) verbunden, sondern haben ein eigenes Subjekt (auch „Sinnsubjekt" der Partizipialkonstruktion genannt; hier: *the climate*).

2. Absolute Partizipialkonstruktionen und vergleichbare Neben- oder Hauptsätze

		Sinnsubjekt		Subjekt	
Partizip		**The weather**	***being* foggy,**	**our plane**	was not able to land.
Nebensatz	As	**the weather**	was foggy,		
Partizip		**The runways**	***cleared* of snow,**	**passengers**	were at last allowed to go on board.
Nebensatz	When	**the runways**	had been cleared of snow,		

Absolute Partizipialkonstruktionen, die dem Hauptsatz vorangehen, entsprechen meist adverbialen Nebensätzen des Grundes oder der Zeit.

130 Participle constructions with subjects of their own
These are called "absolute participle constructions".

Subjekt		**Sinnsubjekt**		
The helicopter	came over the hilltop,	**the noise of its engines**	***getting* louder as it approached.**	Partizip
The helicopter	came over the hilltop.	**The noise of its engines**	got louder as it approached.	Weiterer Hauptsatz

Der Hubschrauber kam über den Hügel. Der Lärm seiner Triebwerke wurde lauter, je näher er kam.

The doctor stepped down from the helicopter, **her hair blowing in the wind**.
Die Ärztin stieg aus dem Hubschrauber. Ihre Haare flatterten im Wind. / …, wobei ihre Haare im Wind flatterten.

Absolute Partizipialkonstruktionen, die hinter dem Hauptsatz stehen, entsprechen einem weiteren Hauptsatz. Im Deutschen gibt man sie meist entweder ebenfalls durch einen weiteren Hauptsatz oder durch einen Nebensatz mit *wobei* wieder.

3. Die *with + participle*-Konstruktion

It's been a very busy day, ***with* the telephone *ringing* all the time.**	Es war ein sehr arbeitsreicher Tag. Das Telefon klingelte pausenlos.
I can't work properly ***with* all that noise *going* on.**	Ich kann nicht richtig arbeiten, wenn so ein Lärm herrscht.
***With* so many people in the office *being* ill just now,** there's twice as much to do as usual.	Da so viele Leute im Büro jetzt krank sind, …
***With* autumn *coming* on and the days *getting* shorter,** Ben has given up jogging after work.	Jetzt wo der Herbst kommt und die Tage kürzer werden, …

Absolute Partizipialkonstruktionen werden häufig durch *with* eingeleitet. *With* hat im Deutschen keine direkte Entsprechung, darf also nicht durch *mit* übersetzt werden.
Im Deutschen verwendet man stattdessen – je nach Zusammenhang – einen weiteren Hauptsatz oder einen Nebensatz mit *als, während, wenn, da, wobei, indem.*
Während die Konstruktion ohne *with* förmlich wirkt, wird die Konstruktion mit *with* auch in der Umgangssprache verwendet.

130 Participle constructions with subjects of their own
These constructions are often introduced by *with*.

Kapitel 16

Nebensätze

131 Typen von Nebensätzen

Ein Hauptsatz kann durch Nebensätze erweitert werden. Dabei entsteht ein Satzgefüge.

Satzgefüge	
Hauptsatz	**Nebensatz**
I need a rucksack	***that/which* will be big enough for a six-week trip.**
I hope	***(that)* this sleeping bag won't be too thick.**
Laura's not sure	***where* her passport is.**
We can buy sandals	***when* we get to India.**

Es gibt folgende Arten von Nebensätzen:

- **Relativsätze** (eingeleitet durch *who, which, that* usw.; vgl. **133**)
- ***that*-Sätze** (indirekte Aussagesätze; vgl. **153**)
- **indirekte Fragesätze** (mit Fragewörtern wie *where, what* usw.; vgl. **156.1**)
- **adverbiale Nebensätze** (mit Konjunktionen wie *when, because* usw.; vgl. **132**)

Nebensätze können nicht nur nach dem Hauptsatz stehen, wie in diesen Beispielen. Viele Nebensätze stehen auch vor dem Hauptsatz, Relativsätze auch im Innern des Hauptsatzes:

***When* we got to the station,** our train was just coming in.
Only a few of the people ***who* got on the plane at Bombay** seemed to be tourists.

! Die Satzstellung ist im Englischen, anders als im Deutschen, im Nebensatz wie im Hauptsatz immer Subjekt – Verb – Objekt.

	Nebensatz			Hauptsatz		
	Subjekt	Verb	Objekt	Subjekt	Verb	Objekt
As soon as	I	met	her,	I	liked	her.
Gleich als	ich	sie	kennenlernte,	mochte	ich	sie.

131 Types of subordinate clauses

Main clauses can be combined with subordinate clauses to form a complex sentence. Subordinate clauses are relative clauses, *that*-clauses, interrogative clauses and adverbial clauses.

132 Adverbiale Nebensätze

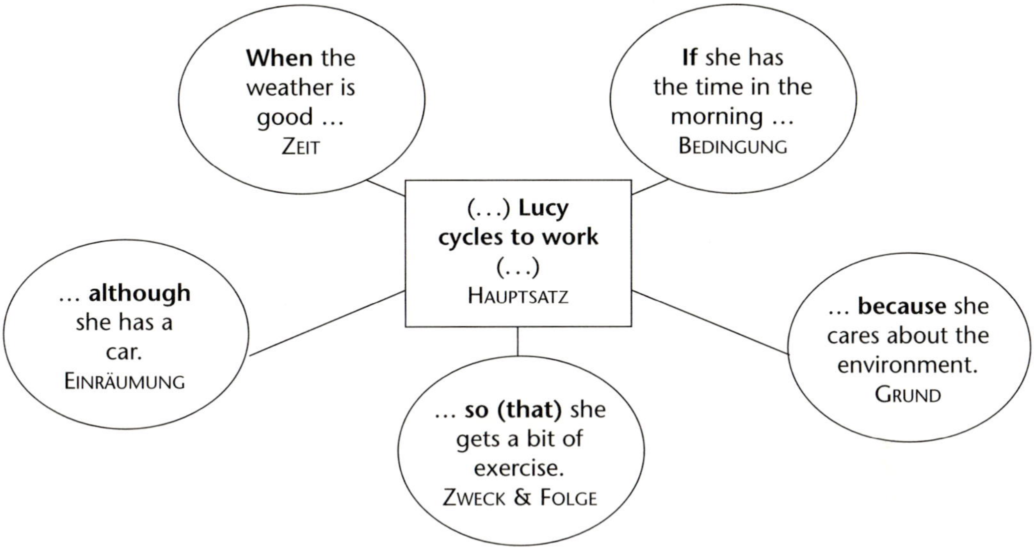

Nebensätze der Zeit, des Grundes, der Bedingung („*if*-Sätze“) usw. geben die näheren Umstände an, unter denen etwas geschieht. Sie haben also eine ähnliche Funktion wie zusammengesetzte adverbiale Bestimmungen (vgl. **56**; vgl. *when the weather is good* mit *in good weather*). Deshalb spricht man von adverbialen Nebensätzen. Zu jedem Typ gibt es eine Reihe typischer Konjunktionen.

Nebensätze der Zeit:
while (während)**,** ***after*** (nachdem)**,** ***since*** (seit) usw.

Grandma often falls asleep ***while* she's watching TV.**	…, während …
***After* our friends had left,** we switched on the late night news.	Nachdem …
Have you read any books ***since* the holidays started**?	…, seit …
Linda did**n't** go to bed ***until* she had finished her English essay.**	… erst … als …

Weitere häufige Konjunktionen:

as soon as	sobald	till/until	bis	when	als, wenn
as	als, während	before	bevor	whenever	immer wenn, wann auch immer

! *Since* hat zwei Bedeutungen: In der Bedeutung „seit“ leitet es Nebensätze der Zeit ein. In der Bedeutung „da“ leitet es Nebensätze des Grundes ein (vgl. nächste Seite).

I haven't heard from Linda ***since* she wrote last Christmas.** …, seit sie …
We'll have to write them a letter, ***since* we don't know their telephone number.** …, da/weil …

132 Adverbial clauses

One of the most common types are clauses of time. They are introduced by *while, after, as soon as*, etc.

Nebensätze des Grundes: *because* (weil), *as/since* (da)

***As* we couldn't get tickets for the concert**, we decided to go to the cinema.
***Since* there's nothing good on TV tonight**, let's watch a video.
My parents listen to the radio a lot ***because* they're both keen on music.**

Nebensätze mit *because* stehen normalerweise hinter dem Hauptsatz, während Nebensätze mit *as* und *since* meist vorangestellt werden.

Nebensätze der Bedingung:
***if* (wenn, falls), *even if* (selbst wenn), *unless* (sofern nicht, außer wenn)**

You'll spoil your eyes ***if* you read in this bad light.**
I'm going to finish "War and Peace", ***even if* it takes me ages to get through.**
I'll throw this magazine away, ***unless* you want to keep it.**

Nebensätze mit *unless* stehen meist im *simple present* (nie im *will-future!*), der zugehörige Hauptsatz meist im *will-future*. Zum Zeitengebrauch in *if*-Sätzen vgl. ■ **75.**

Nebensätze der Einräumung und des Gegensatzes:
***although/though/even though* (obwohl), *while/whereas* (während)**

***Although* my sister works at the library**, she doesn't read many books herself.
We still take two Sunday papers, ***even though* we never find time to read them properly.**
A paper provides all the news in detail, ***whereas* TV only gives you the main points.**

Nebensätze des Vergleichs: *as* (wie/so wie), *as if/as though* (als ob)

The Scots gave a big party on New Year's Eve, ***as/(like)* they do every year.**	..., wie sie es jedes Jahr tun.
The dog sat in front of the TV screen ***as if* it was watching the programme.**	..., als ob er die Sendung anschauen würde.
I said good morning, but John went on reading the paper ***as though* he hadn't heard.**	..., als hätte er nichts gehört.

Statt *as* im Sinn von „wie"/„so wie" wird umgangssprachlich auch *like* verwendet.

Nebensätze des Zwecks und der Folge:
***so that* (damit), *so/such ... that* (so/solch ... dass)**

Let's leave for the show in good time ***so (that)* we get good seats.**	..., damit ...
I've got **so** many CDs ***that* I don't know where to put them all.**	... so viele CDs, dass ...
The fans made ***such*** a noise ***that* we couldn't hear the music properly.**	... einen solchen Lärm, dass ...

Weniger häufig sind Nebensätze des Orts und der Richtung mit *where* ([dort] wo, wohin) und *wherever* (wo/wohin auch immer).

Some of the scenes in "Rebecca" were filmed ***where* we used to live.**
John takes his camera with him ***wherever* he goes.**

132 Adverbial clauses

Other types are clauses of reason *(since, because)*, clauses of condition *(if)*, clauses of concession and contrast *(though, while)*, clauses of comparison *(as, as if)* and clauses of purpose *(so that)*.

133 Notwendige und nichtnotwendige Relativsätze

Notwendige Relativsätze	Nichtnotwendige Relativsätze
Captain Cook was the man **who first explored the coasts of Australia.**	Captain Cook + **, who was born, in Yorkshire,** was one of the most famous English explorers.
Many of *the animals* **which live in Australia** are unknown in other parts of the world.	*The kangaroo*, **which is found only in Australia**, can jump as high as ten feet in the air.
Diese Relativsätze bestimmen ihr Bezugswort (hier: *the man, the animals*) genauer. Sie legen fest, wer oder was gemeint ist. Sie sind für das Verständnis des übergeordneten Satzes **unentbehrlich**. Zwischen übergeordnetem Satz und Relativsatz steht kein Komma; beim Sprechen wird keine Pause gemacht.	Nichtnotwendige Relativsätze enthalten zusätzliche Informationen. Auch ohne diese Informationen wäre der übergeordnete Satz sinnvoll und verständlich. Nichtnotwendige Relativsätze werden vom übergeordneten Satz durch Kommas und – beim Sprechen – durch Pausen abgetrennt.

* Nichtnotwendige Relativsätze werden vor allem im förmlichen Stil verwendet. In der Umgangssprache werden Hauptsätze bevorzugt.

Förmlicher Stil:	Umgangssprache:
My father, who was born in India, has never liked the English climate.	My father was born in India. He's never liked the English climate.

133 Defining and non-defining relative clauses

Defining clauses give necessary information. Non-defining clauses give extra information.

134 Die Relativpronomen *who, which* und *that* im notwendigen Relativsatz

Für Personen: *who/that*	Für Dinge: *which/that*
I'm crazy about a boy ***who/that* only thinks about football.** My friend only seems to like girls ***who/that* are a lot older than him.**	I've got a problem ***which/that* seems impossible to solve.** My girlfriend is always talking about things ***which/that* don't interest me at all.**

Who bezieht sich nur auf Personen, *which* bezieht sich nur auf Dinge.
That kann sich auf Personen oder Dinge beziehen.
Who, which und *that* können für Bezugswörter im Singular oder Plural verwendet werden.

Who, which und _that_ als Subjekt und Objekt in Relativsätzen

	Subjekt
Laura tried to describe the man	***who/that* had stolen her bag.**
Laura versuchte den Mann zu beschreiben,	**der** ihre Tasche gestohlen hatte.
	Objekt
The kidnapper was obviously a person	***who/that* the two children knew well.**
Der Kidnapper war offensichtlich jemand,	**den** die beiden Kinder gut kannten.
	Subjekt
The Green Park murder was a case	***which/that* was especially difficult to solve.**
Der Mord im Green Park war ein Fall,	**der** besonders schwer zu lösen war.
	Objekt
The bank robbers drove off in a van	***which/that* they had stolen only a few hours before.**
… fuhren in einem Lieferwagen davon,	**den** sie erst ein paar Stunden zuvor gestohlen hatten.

Who, that und *which* können als Subjekt oder Objekt des Relativsatzes verwendet werden.
Neben *who* wird für Personen auch *whom* als Objekt verwendet; dieses Pronomen klingt aber sehr förmlich:
The President was a man **whom *many will remember as a friend.***

* Bei Dingen wird *that* dem Relativpronomen *which* meist vorgezogen. *That* steht vor allem nach *all, something, everything, nothing, the first, the last* und nach Superlativen.

I've marked *all* the TV programmes ***that* I want to see this week.**
We don't watch *anything* ***that* goes on after midnight.**
"High Noon" is one of *the best* Westerns ***that* have ever been made.**

134 The pronouns *who, which* and *that* in defining relative clauses

Who is used for persons, *which* is used for things, *that* can refer to both persons and things. All three pronouns are used as the subject or object of the relative clause.

135 Relativsätze ohne Relativpronomen

Notwendiger Relativsatz			
	Objekt	Subjekt	
Here's a photo of the American girl	that/who	we	met on the coach tour.
	–	we	met on the coach tour.
Is that the camera	that/which	you	bought in London last year?
	–	you	bought in London last year?

Wenn das Relativpronomen Objekt im notwendigen Relativsatz ist, wird es häufig weggelassen. Solche Relativsätze nennt man *contact clauses*, da sie direkt an das Bezugswort angehängt werden. Sie sind vor allem in der Umgangssprache üblich.

! Das Relativpronomen kann nicht entfallen, wenn es Subjekt des Relativsatzes ist. Der Relativsatz muss ein eigenes Subjekt haben:

	Subjekt	
I've made a list of the people	who	**are coming to my party.**
	I	**invited to my party.**

136 Präpositionen im notwendigen Relativsatz

This is the girl	–	I shared a room	*with*	at school.	... das Mädchen, mit
	that	I shared a room	*with*	at school.	dem ich in der Schule
	who	I shared a room	*with*	at school.	ein Zimmer geteilt habe.
I still remember the house	–	I lived	*in*	as a child.	Ich erinnere mich noch
	that	I lived	*in*	as a child.	an das Haus, in dem ich
	which	I lived	*in*	as a child	als Kind wohnte.

Im notwendigen Relativsatz steht die Präposition meist hinter dem Verb (aber nicht unbedingt ganz am Satzende). Das Relativpronomen wird dann oft weggelassen *(contact clauses* – vgl. **135**). In *contact clauses* und in Relativsätzen mit *that* und *who* **muss** die Präposition nachgestellt werden.
Im förmlichen Stil steht sie auch vor dem Relativpronomen. Als Relativpronomen kommen in diesem Fall nur *whom* oder *which* in Frage:
Naturally we are greatly influenced by the people **with whom *we spend our earliest years.***
As far as possible, children should be allowed to concentrate on subjects **in which *they are especially interested.***

135 Relative clauses without relative pronouns (contact clauses)

In defining relative clauses, the relative pronoun can be left out if it is the object of the relative clause.

136 Prepositions in defining relative clauses

The preposition is normally placed after the verb. It must be used in this position in relative clauses with *that* and *who* and in contact clauses.

Wenn das Bezugswort Ort oder Zeit angibt, kann der Relativsatz auch durch *where* bzw. *when* eingeleitet werden.

We visited the house ***where*** (in which) **Shakespeare was born.**
The guide told us a few details about the time ***when*** (at which) **he lived.**

137 Relativpronomen im nichtnotwendigen Relativsatz

Who **und** ***whom*** **für Personen**	***Which*** **für Dinge**
Elizabeth I, ***who*** **was a daughter of Henry VIII,** was one of England's greatest monarchs. William Cecil, ***whom*** **she chose as her adviser,** served her for forty years until his death in 1598. Anne Boleyn, ***to whom*** **Henry VIII was married for only three years,** was Elizabeth's mother.	Windsor Castle, ***which*** **has been a royal residence since Norman times,** was badly damaged by fire in 1992. The original Norman fort, ***which*** **William the Conqueror built here,** looked quite different from today's great castle. The state apartments, ***from which*** **there are beautiful views over the River Thames,** are open to the public.

Im nichtnotwendigen Relativsatz **muss** ein Relativpronomen stehen.
- Für Personen verwendet man als Subjekt *who*, als Objekt und nach Präpositionen *whom*.
- Für Dinge verwendet man in allen Fällen *which*.

Die Präposition steht gewöhnlich – wie im Deutschen – vor dem Relativpronomen.

! *That* kann im nichtnotwendigen Relativsatz **nicht** verwendet werden

137 Relative pronouns in non-defining relative clauses

These relative clauses are always introduced by a relative pronoun. *Who* and *whom* are used for persons, *which* is used for things.

138 Relativsätze mit *whose*

I know a boy ***whose uncle* has a ranch in Montana.**	... dessen Onkel ...
May I introduce you to Bill and Vicky Tilman? They're the people ***whose tractor* was carried off by the tornado here last spring.**	... deren Traktor ...
Mexico City, ***whose population* continues to grow at an alarming rate,** is one of the world's most polluted cities.	... dessen Einwohnerzahl ...

Relativsätze können nicht nur durch Relativpronomen, sondern auch durch *whose* + Nomen eingeleitet werden. *Whose* drückt Besitz oder Zugehörigkeit aus.
Whose kann sich auf Personen und Dinge beziehen. Es kann in notwendigen und nichtnotwendigen Relativsätzen verwendet werden.

1 Mit Bezug auf Dinge wird im sehr förmlichen Stil gelegentlich *of which* verwendet. Auch *whose* klingt hier relativ förmlich. Im gesprochenen Englisch vermeidet man beides.

The thieves stole the car from a garage, **the door of which** had been left open. (..., deren Tor offen gelassen worden war.)	sehr förmlich
The thieves stole the car from a garage, **whose door** had been left open.	förmlich
The thieves stole the car from a garage. The door had been left open.	gesprochene Sprache

2 Nach Mengenangaben wie *a number, one, both, many, most* steht in Bezug auf Personen *of whom* und in Bezug auf Dinge *of which.*

Fighting broke out among the supporters, **a number of whom** were arrested. (..., von denen eine Anzahl ...)
The fans started throwing bottles, **one of which** injured a player. (..., von denen eine ...)

139 Satzbezügliches *which*

Our hotel was a long way from the centre of the town, ***which* was a disadvantage, of course.**	..., was natürlich ein Nachteil war.
We took a taxi to the airport, ***which* saved us a bit of time.**	..., was uns etwas Zeit sparte.

Das Relativpronomen *which* kann sich nicht nur auf ein einzelnes Nomen, sondern auch auf den Inhalt eines ganzen Satzes beziehen („satzbezügliches *which*"). Es entspricht dann dem deutschen *was.* Der Relativsatz gibt einen Kommentar zum vorangehenden Hauptsatz ab. Da es sich hier immer um nichtnotwendige Relativsätze handelt, werden sie durch ein Komma abgetrennt.

! Solche satzbezüglichen Relativsätze werden nie durch *what* eingeleitet.

138 Relative clauses with *whose*

Whose + noun can be used in defining and non-defining relative clauses both for persons and for things.

139 *Which* referring to a whole clause

Which can introduce relative clauses that express a comment on the main clause as a whole.

140 Relativsätze mit *whoever, whatever, whichever*

I don't mind how many people come round on Saturday. You can invite ***whoever you*** like.	Du kannst einladen, wen (auch immer) du willst.
Whatever happens, you can depend on me.	Was auch passiert / Egal was passiert, …
It'll be a great match, ***whichever*** team wins.	…, ganz gleich welche Mannschaft gewinnt.

Durch den Zusatz *-ever* werden *who, what* und *which* zu verallgemeinernden Relativpronomen mit der Bedeutung „wer / was / welcher auch immer“ oder „jeder, der“, „alles, was“. Relativsätze mit verallgemeinernden Relativpronomen haben kein Bezugswort im übergeordneten Satz.

140 Relative clauses with *whoever, whatever, whichever*

These relative pronouns have a general meaning. They do not refer to a noun in the main clause.

Kapitel 17

Aussagesätze, Verneinung, Fragesätze, Kurzsätze

141 Der Aussagesatz und seine Verneinung

Die Wortstellung im Aussagesatz			
	Subjekt	**Verb**	**restlicher Satz**
	My aunt	speaks	five languages.
	I	have translated	that text now.
Die normale Wortstellung im Aussagesatz ist: *Subjekt – Verb – restlicher Satz.* Dies gilt auch für zusammengesetzte Zeitformen (z. B. *have translated).*			
	Subjekt	**Verb**	**restlicher Satz**
Last autumn	we	went	to Paris for a week.
When we get back from Italy,	the holidays	will be	nearly over.
Das Satzmuster *Subjekt – Verb – restlicher Satz* bleibt im Englischen auch dann erhalten, wenn der Satz durch eine adverbiale Bestimmung eingeleitet wird oder wenn dem Hauptsatz ein Nebensatz vorausgeht.			

! Vgl. die unterschiedliche Wortstellung im Englischen und im Deutschen:

Last autumn we went to Paris.

Letzten Herbst fuhren wir nach Paris.

141 Positive and negative statements

The standard word order in statements is *subject – verb – object/complement.* The word order does not change when the sentence starts with an adverbial.

Die Verneinung des Aussagesatzes

Subjekt	Hilfsverb + *n't*	Vollverb	restlicher Satz
I	**can't**	**understand**	this poem.
I	**haven't**	**read**	anything by Shakespeare before.
We	**don't**	**know**	the play at all.
John	**doesn't**	**like**	going to the theatre.
He	**didn't**	**come**	with us to "Romeo and Juliet".

Ein Aussagesatz wird gewöhnlich verneint, indem man *n't* an das Hilfsverb anhängt. Wenn der Satz kein Hilfsverb enthält (vgl.: *We know …, John likes …* usw.), muss eine verneinte Form von *do* verwendet werden *(don't, doesn't, didn't)* (zu *be* als Vollverb vgl. jedoch **84.2**).
Im förmlichen Stil wird die Langform „Hilfsverb + *not*" verwendet:
Prices are for bed and breakfast only. They ***do not*** *include an evening meal.*

! Im Gegensatz zum deutschen *nicht* kann das englische *not* nicht hinter dem Vollverb stehen. Es muss immer an ein Hilfsverb angefügt werden:

Vergleiche: I do**n't**/do **not** understand you.
Ich verstehe dich **nicht**.

* Außer durch *not* können Aussagesätze auch durch Wörter wie *nobody, nothing, never, no* usw. verneint werden.

We sat down at one of the tables, but **nobody** came to serve us.
No wonder you're hungry. You had **nothing** for lunch.
We **never** watch TV while we're having a meal.
Could you go down to the shops? There's **no** milk left.

142 Aufforderungssätze

Bejahte Aufforderungssätze

Come in.
Komm (Kommt/Kommen Sie) herein!
Sit down, please.
Have a cup of tea.
Be careful, you two.
Watch out! There's a car coming.
Stop barking, Rover.
Hör auf zu bellen, Rover!
Read the text and **answer** the questions.

Bejahte Aufforderungssätze werden mit der Imperativform des Verbs gebildet. Diese entspricht der Infinitivform. Sie lautet im Singular und im Plural gleich.
Wie im Deutschen drückt der Imperativ eine Bitte, eine Einladung, eine Warnung oder einen Befehl aus.

! Nach Aufforderungssätzen steht im Englischen normalerweise ein Punkt. Nur bei erregten Ausrufen steht ein Ausrufezeichen (vgl. *Watch out!*).

141 Positive and negative statements
Negative statements are formed by adding *n't* to the auxiliary. If there is no other auxiliary in the sentence, *don't, doesn't* or *didn't* are used.

142 Imperatives
Positive imperatives have the same form as the infinitive.

Verneinte Aufforderungssätze

Don't be silly.
Don't forget to phone Mark.
Please **do not walk** on the grass.
Never swim in cold water after a meal.

Verneinte Aufforderungssätze werden mit *don't* (förmlich: *do not)* + Infinitiv gebildet. Sie können auch durch *never* eingeleitet werden.

Aufforderungssätze mit *let's*

Let's have our picnic here.
Machen wir unser Picknick hier.
Oh no, **let's not stop** now, **let's go** on a bit further.
Nein, halten wir lieber jetzt noch nicht, fahren wir noch ein bisschen weiter.
Don't let's wait too long. I'm hungry!

Aufforderungssätze, in die man sich selbst mit einbezieht, werden mit *let's/let's not/don't let's* + Infinitiv gebildet.
Im förmlichen Stil wird auch die Vollform *let us* verwendet: *Let us pray.* (Lasset uns beten.)

143 Entscheidungsfragen *(Ja/nein*-Fragen)

Entscheidungsfragen sind Fragesätze, die mit Ja oder Nein beantwortet werden können. Sie enthalten kein Fragewort.

Das Hilfsverb in Entscheidungsfragen

Hilfsverb	Subjekt	Vollverb	restlicher Satz
Is	it	**raining?**	
Shall	we	**go**	for a walk?
Would	you	**like**	to come with me?
Do	you	**understand**	this sentence?
Does	Jackie	**speak**	French?
Did	I	**pronounce**	your name wrong?

Entscheidungsfragen werden immer durch ein Hilfsverb eingeleitet.

Wenn der entsprechende Aussagesatz kein Hilfsverb enthält (vgl.: *I understand this sentence),* so muss der Fragesatz durch *do, does* oder *did* eingeleitet werden.

! Im Gegensatz zum Deutschen kann die Entscheidungsfrage im Englischen nicht allein mit dem Vollverb gebildet werden. Sie muss immer ein Hilfsverb oder eine *do*-Form enthalten.

Vergleiche: Do you speak German?
Sprechen Sie Deutsch?

142 Imperatives
Negative imperatives are formed with *don't* + infinitive. Imperatives including the speaker are introduced by *let's, let's not* or *don't let's.*

143 *Yes/no* questions
These questions are always introduced either by an auxiliary or by a form of *do.*

Verneinte Entscheidungsfragen			
Hilfsv. + *n't*	**Subjekt**	**Vollverb**	**restl. Satz**
Can't	you	**open**	that bottle?
Doesn't	Ben	**like**	orange juice?
Didn't	the milkman	**come**	this morning?
Do the people of this country **not deserve** better than this? Verdienen die Leute in diesem Land nichts Besseres?			

Verneinte Entscheidungsfragen werden gebildet, indem man *n't* an das vorangestellte Hilfsverb anhängt.

Im förmlichen Stil steht die Langform *not* nach dem Subjekt.

144 Fragen mit Fragewort

Viele Fragen werden durch ein Fragewort eingeleitet. Dieses kann allein stehen *(Who ...? Why ...?* usw.) oder mit einem Nomen oder einer *of*-phrase verbunden sein *(What countries ...? Which of them ...?* usw.).

Fragewort ist Subjekt des Fragesatzes		
Subjekt	**Verb**	**restlicher Satz**
Who	**discovered**	Australia?
What	**caused**	the end of the British Empire?
What countries	**belong to**	the Commonwealth?
Which of them	**will take part**	in the Commonwealth Games next year?

Fragesätze, in denen das Fragewort *(who, what)* Subjekt ist, haben dieselbe Wortstellung wie Aussagesätze (vgl. ■ **141**).
Dies gilt auch für Fragesätze, in denen das Fragewort nur Teil des Subjekts ist *(what countries, which of them)*.

143 *Yes/no* questions
In negative questions *n't* is added to the auxiliary or *do*-form.

143 Questions with question words (*wh*-questions)
If the question word is the subject of the question, the word order is the same as in statements.

Fragewort ist nicht Subjekt des Fragesatzes				
Frage-wort	**Hilfs-verb**	**Sub-jekt**	**Voll-verb**	**restlicher Satz**
Where	**shall**	we	**go**	tonight?
When	**are**	we	**leaving**	on Saturday?
What	**have**	you	**packed**	for the weekend?
How long	**do**	you	**want**	to stay in town?
Why	**doesn't**	Tom	**take**	you home?
Who	**did**	you	**talk to**	on the phone?

Fragesätze, in denen das Fragewort nicht Subjekt oder Teil des Subjekts ist, haben dieselbe Wortstellung wie Entscheidungsfragen.

Wenn im entsprechenden Aussagesatz kein Hilfsverb vorhanden ist, muss wie in Entscheidungsfragen mit dem Hilfsverb *do* umschrieben werden.

! Fragesätze, in denen das Fragewort Subjekt ist, werden nicht mit dem Hilfsverb *do* umschrieben.

		Subjekt			
Vgl.:		**Who**	saw	you?	**Wer** hat dich gesehen?
	Who did	**you**	see?		**Wen** hast du gesehen?

Gebrauch von *what, who* und *which*	
What are you going to have? Was nimmst du? **What** vegetables have you got? Was für Gemüse haben Sie? **Who** made this delicious cake? Wer hat diesen köstlichen Kuchen gebacken?	**Which** would you prefer – tea or coffee? Was hättest du lieber – Tee oder Kaffee? **Which** of these apples are best for cooking? Welche von diesen Äpfeln eignen sich am besten zum Kochen? **Which** of you broke this plate? Wer von euch hat diesen Teller zerbrochen?
Mit *what* fragt man nach Sachen, mit *who* nach Personen aus einer **uneingeschränkten** Zahl.	Mit *which* fragt man nach Sachen oder Personen aus einer **eingeschränkten** Zahl. Häufig steht *which* vor einer *of-phrase.* (*What* oder *who* dürfen hier nicht stehen!)

143 Questions with question words *(wh-*questions)

If the question word is not the subject of the question, the word order is the same as in *yes/no* questions.
The use of *what, who* and *which.*

145 Bestätigungsfragen

Wenn man Zustimmung zu einer Aussage oder eine Bestätigung erwartet, benutzt man im Deutschen Ausdrücke wie *nicht wahr?, oder?, oder nicht?*.
Im Englischen hängt man ein *question tag* an den Aussagesatz an.

Subjekt	Hilfsverb (+)			Hilfsverb (–)	Subjekt
Dad	**is**	**working,**		**isn't**	he?
Gill	**will**	**be**	here soon,	**won't**	she?
You	**have**	**got**	time now,	**haven't**	you?
The Smiths		**live**	here,	**don't**	they?
You		**met**	Sarah once,	**didn't**	you?

Die Bestätigungsfrage greift das Hilfsverb und das Subjekt des vorangehenden Satzes wieder auf, wobei das Subjekt als Personalpronomen erscheint.
Enthält der vorangehende Satz kein Hilfsverb, so verwendet man in der Bestätigungsfrage eine Form von *do*.
Ist der vorangehende Satz bejaht, so ist die Bestätigungsfrage verneint.

Subjekt	Hilfsverb (–)			Hilfsverb (+)	Subjekt
He	**isn't**	**using**	the phone,	**is**	he?
You	**won't**	**be**	late,	**will**	you?
You	**haven't**	**got**	a key,	**have**	you?
Ian	**doesn't**	**go**	to your school,	**does**	he?
You	**didn't**	**meet**	her sister,	**did**	you?

Ist der vorangehende Satz verneint, so ist die Bestätigungsfrage bejaht.

145 Question tags

Question tags repeat the auxiliary of the sentence to which they belong. The subject of this sentence is replaced by a pronoun.
Positive statements are followed by a negative question tag, negative statements by a positive tag.

Die Satzmelodie (Intonation) in Bestätigungsfragen			
Steigende Satzmelodie		**Fallende Satzmelodie**	
Our train leaves at 9.47, – Yes, it does.	**doesn't it?**	It's a lovely day,	**isn't it?**
We don't have to change at Bristol, – No, I don't think so.	**do we?**	The countryside looks beautiful in spring,	**doesn't it?**
Bestätigungsfragen werden mit steigender Satzmelodie gesprochen, wenn der Sprecher nicht sicher ist, ob seine Aussage richtig ist, und eine Anwort erwartet.		Bestätigungsfragen werden mit fallender Satzmelodie gesprochen, wenn der Sprecher seiner Sache ganz sicher ist und im Grunde keine Antwort erwartet.	

1 Enthält der vorangehende Satz das formale Subjekt *there* (vgl. ■ **149**), so wird dieses in der Bestätigungsfrage wieder aufgenommen.

There's a post box round the corner, **isn't there?**

2 An einen Aufforderungssatz mit *let's* kann man die Bestätigungsfrage *shall we?* anhängen. Nach sonstigen Aufforderungssätzen wird *will you?* oder – bei höflichen Angeboten – gelegentlich auch *won't you?* verwendet.

Let's have a cup of tea, **shall we?**
Get the milk out of the fridge, **will you?**
Help yourself to biscuits, **won't you?**

146 Kurzantworten

Im Deutschen lautet die Antwort auf Entscheidungsfragen meist nur „ja" oder „nein". Im Englischen wird *yes* oder *no* häufig durch einen Kurzsatz ergänzt.

Hilfsv.	Subjekt	Vollverb	restlicher Satz		Subjekt	Hilfsv.
Have	you	got	a good map of London?	– Yes,	I	**have.**
				– No,	I	**haven't.**
Can	you	remember	the name of that shop?	– Yes,	I	**can.**
				– No,	I	**can't.**
Will	the museum	be	open tomorrow?	– Yes,	it	**will.**
				– No,	it	**won't.**

Die Kurzantwort greift das Hilfsverb der vorangehenden Frage wieder auf. Das Subjekt der Frage erscheint in der Kurzantwort als Personalpronomen.

145 Question tags
Question tags with rising intonation call for an answer, question tags with falling intonation do not.

146 Short answers
In short answers the same auxiliary is used as in the question. The subject of the question appears as a personal pronoun.

Hilfsv.	Subjekt	Vollverb	restlicher Satz		Subjekt	Hilfsv.
Do	the Jacksons	live	in Wimbledon?	– Yes,	they	**do.**
				– No,	they	**don't.**
Does	Mr Jackson	work	in the City?	– Yes,	he	**does.**
				– No,	he	**doesn't.**
Did	you	miss	your train yesterday?	– Yes,	I	**did.**
				– No,	I	**didn't.**

Enthält die Frage eine *do*-Form, so wird diese in der Kurzantwort wiederholt.

Enthält der Fragesatz das formale Subjekt *there* (vgl. **149**), so wird dieses in der Kurzantwort wieder aufgenommen.

Is there a telephone box near here? – Yes, **there is.**
– No, **there isn't.**

147 Kurzsätze mit *so, nor, neither*

Kurzsätze mit *so, nor, neither* sind Kommentare zu einem vorangehenden Aussagesatz. Sie entsprechen deutschen Kurzsätzen mit *auch, auch nicht.*

***So* nach bejahten Aussagesätzen**

Subjekt	Hilfsv.	Vollverb	restlicher Satz			Hilfsv.	Subjekt	
I	**am**	**feeling**	hungry!	–	So	**am**	I.	... Ich auch.
I	**can**	**smell**	the eggs and bacon.	–	So	**can**	I.	... Ich auch.
Simon		**likes**	cornflakes for breakfast,	and	so	**does**	Kim.	... Kim auch.

Der Kurzsatz greift das Hilfsverb des vorangehenden Satzes wieder auf.
Enthält der Satz kein Hilfsverb, so verwendet man *do, does* oder *did*.
Das Subjekt des Kurzsatzes wird nachgestellt und wird dadurch hervorgehoben.
Nach bejahten Sätzen benutzt man Kurzsätze mit *so,* nach verneinten Sätzen benutzt man Kurzsätze mit *not* oder *neither* (vgl. nächsten Abschnitt).

146 Short answers
If the question contains a form of *do*, a form of *do* is also used in the short answer.

147 Short sentences with *so, nor, neither*
These short sentences are used to comment on the statements they follow. The subject comes at the end and is stressed. *So* is used after positive statements.

Neither/Nor nach verneinten Aussagesätzen

Subjekt	Hilfsverb (verneint)	Vollverb	restlicher Satz		Hilfsverb	Subjekt	
I	**'ve never**	**tried**	Mexican food before.	– Neither	**have**	I.	Ich auch nicht.
				– Nor	**have**	I.	
We	**don't**	**like**	that new pizza place in Queen Street.	– Neither	**do**	we.	Wir auch nicht.
Sue and Paul	**aren't**	**going**	to the barbecue tonight.	– Nor	**are**	Liz and Mark.	

Anstelle von Kurzsätzen mit *neither* oder *nor* werden in der Umgangssprache häufig Kurzsätze aus Subjekt + verneintem Hilfsverb + *either* verwendet.
Anstelle von Kurzsätzen mit *so* können auch Kurzsätze mit *too* verwendet werden. (Zu *either* und *too* vgl. auch **148.2**.)

Paul doesn't like curry. – **Neither do I. / I don't either.**
I'm terribly thirsty. – **So am I. / I am, too.**

147 Short sentences with *so, neither, nor*

After a negative statement a short sentence with *nor* or *neither* is used.

Kapitel 18

Vom Satz zum Text (Verknüpfung und Hervorhebung)

148 Konjunktionen und Adverbien zur Verknüpfung von Sätzen und Satzteilen

1. Konjunktionen, Adverbien und Kombinationen

Konjunktionen

The streets in this part of York are very narrow, **and** most of the houses are very old.
We can take the bus to the town centre, **or** we can walk there, of course.
There's a car park near the Minster, **but** it's usually full at this time of day.

Ganze Sätze oder Satzteile können durch Konjunktionen miteinander verbunden werden. Solche Konjunktionen sind *and*, *or* und *but* (aber, sondern).

Verknüpfende Adverbien

For centuries York was an important city; **yet** it was never spoilt by industry.
Millions of pounds have been spent on repairing the Minster; **however,** a lot of work still has to be done.
We've lived in the city centre for ten years now, **so** we're used to the noise of traffic.

Die gleiche Aufgabe wie Konjunktionen erfüllen verknüpfende Adverbien wie *yet* (doch, dennoch, trotzdem), *nevertheless* (trotzdem), *however* (jedoch), *therefore*, *so* (deshalb, daher), *after all* (schließlich, immerhin) und *anyway* (jedenfalls, sowieso).

There are several interesting museums here in York; we won't have time to go to them all, **though**.
…, wir werden aber nicht genug Zeit haben, sie alle zu besuchen.

Eine Sonderstellung nimmt *though* (aber, doch) ein, weil es nachgestellt und gewöhnlich durch ein Komma abgetrennt wird.

1 Im förmlichen Stil erscheint gelegentlich auch die Konjunktion *for* (denn):

In the summer months, York is full of visitors, **for** it is of great historical interest.

2 Zu Konjunktionen wie *because, while* usw., die Nebensätze einleiten, vgl. **132**.

148 Conjunctions and linking adverbs

Conjunctions *(and, or, but)* and linking adverbs *(yet, so, however,* etc.) are used to connect sentences and phrases.

Kombinationen von verknüpfenden Wörtern

Beispiele	Erläuterung
Walkers can reach this beautiful Devon village **either** from the coast path **or** by taking the footpath along the River Sid.	Hierher gehören: *either ... or* (entweder ... oder),
The beach is safe for bathing, except at the river mouth, where **neither** swimming **nor** boating are permitted.	*neither ... nor* (weder ... noch),
The Victoria Hotel has **both** an outdoor **and** an indoor swimming pool.	*both ... and* (sowohl ... als auch),
On the one hand, we would like to see all the famous sights; but **on the other hand** we would prefer a holiday away from all the tourists.	*on the one hand ... on the other hand* (einerseits ... andererseits).

2. Englische Entsprechungen zum deutschen Adverb *auch*

Zur Satzverknüpfung dienen auch die Adverbien *too, as well, also, (not ...) either.*

Beispiele	Erläuterung
Eton is probably the best-known of Britain's public schools, but Harrow and Rugby are very famous, **too.** ... sind auch sehr bekannt. There are two big comprehensive schools in the town, and there's a grammar school **as well.** ... und es gibt auch ein Gymnasium.	In bejahten Sätzen verwendet man *too, as well* und *also.* *Too* und *as well* stehen meist am Satzende.
Oxford has been famous as a university town since the Middle Ages, but in the 20th century it **also** developed as an industrial city. ... entwickelte es sich auch als Industriestadt.	*Also* hat normalerweise Binnenstellung (vor dem Vollverb bzw. zwischen Hilfsverb und Vollverb) und **nicht** Anfangsstellung.
He had a successful career in politics, although he didn't do well at school and he **never** went to university **either.** ... obwohl er ... und auch nie studierte.	In verneinten Sätzen (nach *not* oder *never)* verwendet man *either,* das Endstellung hat.

Kapitel 18

148 Conjunctions and linking adverbs

Sentences and phrases can be linked by word combinations like *either ... or* and *both ... and.* There are several adverbs *(too, as well, also,* negative *not ... either)* that correspond to German *auch.*

! *Too, as well* und *also* können kann nur im bejahten Satz stehen. In verneinten Sätzen steht *(not) either.*

I like eggs.	– I like them, **too.**	Ich esse sie **auch** gern.
We don't often have fish for lunch.	– We **don't either.**	Wir **auch nicht.**

149 Die *there*-Konstruktion

***There is/there are* + Sinnsubjekt**

Formales Subjekt	*be*	Sinnsubjekt	restlicher Satz
There	is	a big new shoe shop	in the High Street. In der Hauptstraße gibt es/ist ein großes neues Schuhgeschäft.
There	were	a lot of people	at church this morning. Heute morgen waren viele Leute in der Kirche.

Sätze mit dem Verb *be* werden häufig durch ein unbetontes *there* eingeleitet. Dann folgt die *be*-Form und erst dann das eigentliche Subjekt, das „Sinnsubjekt".

Formales Subjekt	*be*	Sinnsubjekt	Partizip	restlicher Satz
There	are	several taxis	waiting	outside the station. Vor dem Bahnhof warten viele Taxis.
There	was	a big American car	parked	in front of the house. Vor dem Haus stand ein großer amerikanischer Wagen.

Die *there*-Konstruktion kann durch ein *present* oder *past participle* erweitert werden. Solchen Sätzen entspricht im Deutschen meist ein normaler Aussagesatz.

Die *there*-Konstruktion im Text

There was an accident in the High Street on Saturday morning. A lorry braked suddenly at the traffic lights and a car ran into the back of it. Luckily nobody was injured, but the front of the car was badly damaged and the police had to be called.
There was a short report about it in the local paper on Monday. As usual, the reporter had got some of the details wrong.

Die *there*-Konstruktion wird vor allem dann verwendet, wenn man ein neues Thema einführt. Wird dieses Thema fortgeführt, so benützt man gewöhnlich normale Aussagesätze.

149 The *there* construction

This construction is used to introduce a new topic. *There* functions as a formal subject followed by a form of *be* and the actual subject of the sentence.

150 Die *it is/it was*-Konstruktion

It is/it was zur Hervorhebung von Satzteilen

	Subjekt	Verb	Objekt	adverbiale Bestimmung
Ausgangssatz:	Captain Cook	discovered	Hawaii	in 1779.

It was Captain Cook who discovered Hawaii (and not Columbus).
It was Hawaii that Captain Cook discovered (not Australia).
It was in 1779 that he discovered Hawaii (not in 1789).

Mit *it is/it was* kann praktisch jeder Satzteil – außer dem Verb – hervorgehoben werden. Die verbleibenden Satzteile werden in Form eines Relativsatzes oder eines *that*-Satzes angeschlossen.

! ***It was*** the natives in Hawaii that killed Captain Cook.

Die Singularform *it is/it was* wird auch dann verwendet, wenn ein Nomen im Plural folgt.

Die *it is/it was*-Konstruktion im Text

At the beginning of the 19th century, most people in Britain still lived in small villages. Many of them never left the area in which they were born. News travelled slowly from place to place, and the horse was still the fastest form of transport. **It was the development of the railways** that changed all this.

Excuse me. Is this the train to Reading? – No, it goes straight through to Paddington, sir. **It's the next one** that stops at Reading.

Die *it is/it was*-Konstruktion wird vor allem dann verwendet, wenn etwas Neues hervorgehoben werden soll, oder wenn ein Gegensatz ausgedrückt oder etwas richtig gestellt werden soll.

150 The *it is/it was* construction

This construction is used to show that something has special importance in the text. The stressed element is introduced by *it is* or *it was*, the remaining part of the sentence is added as a relative clause or a *that*-clause.

151 Hervorhebung mit *do*

Do, does und *did* werden nicht nur zur Bildung von Fragesätzen und verneinten Sätzen benutzt: Sie können auch verwendet werden, um bejahten Sätzen mehr Nachdruck zu verleihen.

Betonung eines Gegensatzes

We *don't* usually eat much in the mornings. But we **do** have a big breakfast on Sundays.
... aber sonntags machen wir (schon) ein großes Frühstück.
Why *didn't* you buy any eggs? – I **did** buy some eggs! Look, here they are.
Ich habe doch Eier gekauft! ...

Besonders häufig werden die *do*-Formen in bejahten Sätzen verwendet, die mit verneinten Sätzen kontrastiert werden.

Verstärkung einer Aufforderung

Do sit down.
Setzen Sie sich doch bitte.
Do have another sandwich.

Do hurry up! Look at the time.
Beeil dich doch!
Do be quiet!

Aufforderungssätze mit *do* können je nach Zusammenhang entweder besonders höflich oder besonders ungeduldig wirken.

1 *Do*-Formen werden auch verwendet, um eine spontane Gefühlsreaktion auszudrücken.

I **do** like this bread. Did you make it yourself?	Dieses Brot schmeckt aber gut.
I **did** enjoy the party. It was great to see you again.	Ich fand die Party wirklich toll.

2 Sätzen mit Hilfsverben kann man mehr Nachdruck verleihen, indem man das Hilfsverb betont.

You **are** [ˈɑː] working hard. Aren't you ready for a break yet?	Du arbeitest aber hart.

151 *Do*-emphasis

Emphatic *do* is used in positive sentences to stress a contrast (often to a negative sentence) or to make a request more polite or forceful.

152 Inversion als Stilmittel

Die übliche Wortstellung des englischen Aussagesatzes ist *Subjekt – Verb – Objekt.* Nur in wenigen Fällen kann man von dieser Wortstellung abweichen, um eine besondere stilistische Wirkung zu erzielen.

Anfangsstellung von negativen adverbialen Bestimmungen

Adv. Bestimmung	Hilfsverb	Subjekt	Vollverb	restlicher Satz
Hardly	**had**	**Scott and his men**	**arrived**	at the South Pole ***when*** they found they were not the first.
Not only	**does**	**total darkness**	**cover**	Antarctica in the polar winter, ***but*** low temperatures and biting winds make it the coldest place on Earth.

Tritt eine negative oder einschränkende adverbiale Bestimmung an den Satzanfang, so werden – wie im Fragesatz – Subjekt und Hilfsverb umgestellt. Diese Umstellung nennt man Inversion.
Ist kein Hilfsverb vorhanden, so wird eine Form von *do* verwendet (vgl. den zweiten Beispielsatz).

Solche negativen und einschränkenden adverbialen Bestimmungen sind:

hardly (… when) *scarcely (… when)* *no sooner (… than)*	kaum (… als)	*never* *seldom/rarely* *neither … nor*	noch nie, niemals selten, kaum weder … noch
not only (… but)	nicht nur … (sondern)	(Zu *neither* und *nor* vgl. auch **147**.)	

Verwendung im Text

In the 19th century large numbers of whites left the East Coast of America and began to move west. ***No sooner*** **had the US government opened** the land for settlement ***than*** thousands of families set off across the Great Plains. Before long there was conflict with the Native Americans. ***Never in their lives*** **had they seen** such strange people as these white men and women in their wagon trains. Although the Indians had lived in the Plains for centuries, the whites claimed the land they found as their own. ***Not only*** **did the Indians lose** their land, ***but*** their rights and their sense of self-respect were also taken away from them.

Diese Wortstellung wird verwendet, um in geschriebenen Texten eine dramatische Wirkung zu erzielen. In der Umgangssprache wird die normale Wortstellung bevorzugt, wobei die Adverbien in Binnenstellung stehen (vgl. **52**). Vgl.:

Never *in my life* ***have I had*** *such a terrible shock.*
I've never had *such a terrible shock in all my life.*

Kapitel 18

152 Inversion as a stylistic device

If the sentence begins with a negative or restrictive adverbial, the subject comes after the auxiliary as in questions. This construction is normally only used in formal English.

1 Auch nach adverbialen Bestimmungen und Nebensätzen mit *not until* tritt die Inversion von Hilfsverb und Subjekt ein. Hiermit lässt sich die deutsche Wendung *Erst (als)* … ins Englische übertragen.

***Not until the 19th century* did whites start** to move into the Great Plains.	Erst im 19. Jahrhundert begannen Weiße …
***Not until the number of whites increased* did the Indians begin** to attack the wagon trains.	Erst als die Zahl der Weißen zunahm, fingen die Indianer an …

2 Eine besondere Form der Inversion, die Umstellung von Subjekt und Vollverb, kann nach einleitendem *here, there, up* und *out* erscheinen:

Here comes Peter. Let's say hello.
There goes the bus. We've just missed it!
Up went the balloon, higher and higher.

Die Umstellung von Vollverb und Subjekt kann auch im Begleitsatz der direkten Rede auftreten:

"Let's go", **said Jackie.** "Right, are you ready?" **asked her father.**

Kapitel 19

Die indirekte Rede

153 Die wichtigsten Merkmale der indirekten Rede

Wenn man berichten will, was jemand sagt oder gesagt hat, so benützt man gewöhnlich die indirekte Rede. Dabei verwendet man meist einen Einleitungssatz mit *say, tell* usw. und einen *that*-Satz. (Zur Wiedergabe von Frage- und Aufforderungssätzen vgl. **156**.)

Wenn man sofort weitergibt, was jemand sagt, so benützt man für die indirekte Rede einen Einleitungssatz im *present tense* (z. B. *she says*). Die Zeitformen der direkten Rede werden dann in der indirekten Rede beibehalten.

Wenn man etwas erst später berichtet, so benutzt man einen Einleitungssatz im *past tense* (z. B. *she said*). Hier werden die Zeitformen in der indirekten Rede zurückverschoben (*backshift of tenses: is coming → was coming, has booked → had booked*, usw.; vgl. **155**).

153 The main characteristics of reported speech

Immediate report *(he/she says):* the tenses of direct speech remain unchanged – later report *(he/she said):* the tenses are shifted back.

! Beachte außerdem:
- Vor dem *that*-Satz steht kein Komma, weil beim Sprechen keine Pause gemacht wird.
- Das *that* wird oft weggelassen: *She says (that) she's booked her flight.*
- Personalpronomen und Possessivwörter werden wie im Deutschen dem Standpunkt des Berichterstatters angepasst (*I* → *he/she*, *my* → *his/her* usw.).
  (Zur Anpassung der Zeit- und Ortsangaben vgl. ■ **158**.)

* Steht der Einleitungssatz der indirekten Rede im *present perfect,* so werden die Zeitformen der direkten Rede wie bei einem Einleitungssatz im *present tense* beibehalten.

Sarah *has told* her parents that she**'s coming** back on Friday, and that she **has booked** a flight that **arrives** around noon.

Steht der Einleitungssatz im *past perfect,* so tritt wie bei einem Einleitungssatz im *past tense* eine Rückverschiebung der Zeitformen ein.

They couldn't understand what had happened. That morning there had been a postcard from Sarah. She *had told* them that she **was coming** back on Friday – and that she **had booked** a flight that **arrived** at noon.

■ 154 Indirekte Rede und Zusammenfassung

Indirekte Rede	Zusammenfassung
In her end of term speech, the Principal said that the school could be proud of the excellent examination results of the past year. She wondered whether parents realized that the A level results had been the highest that had ever been achieved at the school. She added that Ursula Hawkin had been given the best possible marks in all her A level subjects – German, French and English.	In her end of term speech, the Principal mentioned the extremely good examination results, which were the best in the history of the school. One of the girls had even managed to get top marks in three subjects at A level.
Im Gegensatz zur indirekten Rede werden in der Zusammenfassung nur die wesentlichen Punkte einer Äußerung wiedergegeben.	

153 Further characteristics of reported speech
Change of pronouns and possessive words, the use of *tell* and *say* as introductory verbs

154 Reported speech and summaries
Reported speech keeps closely to the original text. Summaries are phrased much more freely.

155 Die Rückverschiebung der Zeitformen in der indirekten Rede

Steht der Einleitungssatz der indirekten Rede im *past tense* (z. B. *he said, she told me* usw.), so werden die Zeitformen in der indirekten Rede gegenüber der direkten Rede wie folgt verschoben (*backshift of tenses*):

Direkte Rede	**Indirekte Rede** (Einleitungssatz im *past tense*)
present tense →	***past tense***
From an interview with Debra Adams, a Newcastle schoolgirl: "I**'m** in the school tennis team. I **love** sports! But **I'm working** for exams at the moment, so I **don't have** much time for tennis."	 Debra said that she **was** in the school tennis team. She said she **loved** sports. But she told me that she **was working** for exams at the moment. She said she **didn't have** much time for tennis.
present perfect →	***past perfect***
"**I've been** at Burnside School for five years. My boyfriend **has** already **left** school."	She said she **had been** at Burnside School for five years. She told me that her boyfriend **had** already **left** school.
past tense →	***past perfect***
"He **started** work as soon as he **left**. He **didn't** even **have** a summer holiday!"	She went on to say that he **had started** work as soon as he **had left.** She said he **hadn't** even **had** a summer holiday.
will-future →	***conditional***
"I**'ll** probably **leave** school at the end of the year. But I **won't give up** tennis!"	She told me that she **would** probably **leave** school at the end of the year. But she said she **wouldn't give up** tennis.
can → ***may*** →	***could*** ***might***
"I hope I **can** get a job at a bank, or at the post office. But finding work **may** be a bit of a problem."	She said she hoped she **could** get a job at a bank or at the post office. But she thought that finding work **might** be a bit of a problem.

Past perfect und *conditional* können nicht zurückverschoben werden und werden daher in der indirekten Rede beibehalten. Auch *might* und *could* im Sinn von *könnte* werden nicht verschoben.

"I **hadn't expected** to get the job."	She said she **hadn't expected** to get the job.
"I **would like** to be a film director some day."	He said he **would like** to be a film director some day.

Kapitel 19

155 The backshift of tenses in reported speech

In reports introduced by *he/she said,* etc. the tenses of direct speech are changed, e.g. present tense becomes past tense, etc.

Simple present zum Ausdruck einer Gewohnheit oder Eigenschaft	
"School in Germany **starts** at 8 o'clock or earlier." "Where I **come** from, the sun **doesn't set** in the summer at all."	Markus told me that school in Germany **starts** at 8 o'clock or earlier. Brit told us that where she **comes** from, the sun **doesn't set** in the summer at all.
Das *simple present* wird in der indirekten Rede beibehalten, wenn betont werden soll, dass etwas immer gilt, z. B. wenn über eine Gewohnheit, eine Eigenschaft oder ein Naturgesetz berichtet wird.	

156 Frage- und Aufforderungssätze in der indirekten Rede

1. Indirekte Fragesätze

Direkte Rede	Indirekte Rede
"**Do** you **speak** Spanish?"	→ Manuel asked me ***if/whether*** I **spoke** Spanish.
"**Did** you **learn** it at school?"	→ Then he wanted to know ***if/whether*** I **had learned** it at school.
"**Can** you **understand** Italian?"	→ I asked our Latin teacher ***if/whether*** she **could understand** Italian.

Wird in der direkten Rede eine Frage ohne Fragewort verwendet („Entscheidungsfrage", „*Ja/nein*-Frage"), so wird der Nebensatz der indirekten Rede durch *if* oder *whether* eingeleitet. (Zu Entscheidungsfragen vgl. **143**.)

Direkte Rede	Indirekte Rede
"***What*** **do** you **think** of my new anorak?"	→ Steve asked me ***what*** I **thought** of his new anorak.
"***Where*** **did** you **buy** it?"	→ I asked him ***where*** he **had bought** it.
"***When*** **are** you going to get a haircut?"	→ My father asked me ***when*** I **was** going to get a haircut.

Enthält der Fragesatz der direkten Rede ein Fragewort *(what, where, why, when, how* usw.), so wird dieses Fragewort in der indirekten Rede beibehalten. (Zu Fragen mit Fragewörtern vgl. **144**.)

155 The backshift of tenses in reported speech
If the simple present expresses habits or general facts, it need not be shifted back.

156 Questions and imperatives in reported speech
Reported *yes/no* questions are introduced by *if* or *whether.* Otherwise the same question words (interrogatives) are used as in direct speech.

In direkten Fragesätzen ist die Wortstellung: *Hilfsverb – Subjekt – Vollverb* (vgl. ■ **143–144**). In indirekten Fragesätzen ist die Wortstellung dagegen wie im Aussagesatz: *Subjekt – (Hilfsverb –) Vollverb*. Vergleiche:

Direkte Rede:			**"Can**	you	**swim?"**
Indirekte Rede:	He asked me	if	I	**could**	**swim.**
Direkte Rede:		"Where	**do**	you	**live?"**
Indirekte Rede:	He asked me	where	I		**lived.**

Ein indirekter Fragesatz mit modalem Hilfsverb wird oft zu Fragewort + Infinitiv verkürzt (vgl. ■ **109**).

*"**Which bus*** **do** I **have to take** to Trafalgar Square?"
→ He wanted to know ***which bus*** **to take** to Trafalgar Square.
(… ***which bus*** he **had to take** to Trafalgar Square.)

2. Indirekte Aufforderungssätze

Direkte Rede	Indirekte Rede
"**Look** in the mirror before giving a signal."	→ My driving instructor told me **to look** in the mirror before giving a signal.
"**Don't brake** too suddenly."	→ He told me **not to brake** too suddenly.
"**Drive** extra carefully near schools and playgrounds."	→ He also advised me **to drive** extra carefully near schools and playgrounds.

Aufforderungssätze werden in der indirekten Rede meist durch einen Infinitiv mit *to* wiedergegeben (vgl. ■ **106**). Bei verneinten Aufforderungssätzen wird *not* + Infinitiv benutzt. (Zu bejahten und verneinten Aufforderungssätzen vgl. ■ **142**.)
Seltener werden Aufforderungssätze durch einen *that*-Satz mit *should* wiedergegeben:
*He said that I **should drive** extra carefully near schools and playgrounds.*

Grußformeln, Ausrufe und ähnliche unvollständige Sätze werden in der indirekten Rede umschrieben oder zu ganzen Sätzen ergänzt.
Question tags werden weggelassen.

"Hello, Mark. What about a game of tennis?"	I said hello to Mark and suggested a game of tennis.
"Oh, no. Later, perhaps."	Mark didn't want to play, but said he might do so later.
"OK. It's a bit too hot at the moment, isn't it?"	So I agreed and said it was a bit too hot at the moment.

156 Questions and imperatives in reported speech

For reported questions the word order is *subject – (auxiliary) – verb*, just as in statements.
Imperatives are normally reported as infinitive constructions.

157 Einleitungsverben für die indirekte Rede

Die indirekte Rede wird normalerweise durch einen kurzen Satz wie *he said* eingeleitet.

Lotta **told** me that she had come to the UK first as an au pair.
Her father **said** that she should apply for a job in London.
I **asked** Vanessa whether she was homesick for Spain.

Die gebräuchlichsten Einleitungsverben sind:
- *say* und *tell* für Aussagesätze und Aufforderungssätze,
- *ask* für Fragesätze.

She **replied** that everyone had made her feel welcome.
André **explained** that job opportunities in London were better than in Paris.
Sang-Woo **thought** he might go back to South Korea in a year or so.
Bruno **complained** that he had found it hard to get a job in Britain.

Es gibt jedoch eine Reihe von Einleitungsverben, die die Sprechabsicht genauer bezeichnen, z. B.
- *answer, reply* (für Antworten),
- *inform, explain* (für Erklärungen),
- *think, believe, remember, hope* (zum Ausdruck von Gedanken),
- *complain* (beklagen), *admit* (zugeben), *suggest* (vorschlagen) (für bestimmte Haltungen und Gefühle).

! Auf *say* **kann** ein indirektes Objekt (Personenobjekt) folgen. Es muss dann mit *to* angeschlossen werden.
Auf *tell* **muss** ein indirektes Objekt (Personenobjekt) folgen. Es wird ohne *to* angeschlossen.

She **said (to me)** }
She **told me** } that she would be back late.

* Einleitende Verben, die die Absicht des Sprechers genauer beschreiben, werden auch dann verwendet, wenn die direkte Rede durch Infinitiv- und *gerund*-Konstruktionen wiedergegeben wird.

The store manager **threatened to call** the police.
The two girls **admitted taking** the earrings without paying for them.

157 Verbs introducing reported speech

Reported statements and reported imperatives are often introduced by *say* and *tell*, reported questions by *ask*, but more specific verbs like *answer, explain, think, complain* can be used as well.

158 Die Verschiebung von Zeit- und Ortsangaben in der indirekten Rede

Zeitangaben wie *today, yesterday, this week* und Ortsangaben wie *here, there, in this country* beziehen sich auf den Standpunkt des Sprechers (z. B. *today* = der Tag, an dem jemand etwas sagt; *here* = der Ort, an dem jemand etwas sagt). In der indirekten Rede werden solche Zeit- und Ortsangaben dem Standpunkt des Berichterstatters angepasst und daher oft verändert. (Vgl. die Anpassung der Personalpronomen, **153** !.)

1. Zeitangaben

Direkte Rede	**Indirekte Rede**	
	Zeitraum dauert noch an	**Zeitraum ist vorüber**

Friday 13th	**Friday 13th**	**A few days later**
Weatherman on TV: "It will stop raining **tomorrow.**"	Ted to Mary: "Don't worry. The weatherman said it would stop raining **tomorrow.**"	Mary to Ted: "You just can't rely on those forecasts! On Friday the weatherman said it would stop raining **the next day / on Saturday**".

Zeitangaben wie *yesterday, today, this month, next year* usw. werden in der indirekten Rede beibehalten, wenn man noch innerhalb desselben Tages, Monats, Jahres usw. berichtet, was jemand gesagt hat.
Wenn der betreffende Zeitraum jedoch für den Berichterstatter schon vorüber ist, so werden solche Zeitangaben wie folgt verschoben:

today	→ **that** day	yesterday	→ **the** day **before**
tonight	→ **that** night	**last** Friday	→ **the** Friday **before**
this week	→ **that** week	**last** month	→ **the** month **before**
this year	→ **that** year	two days **ago**	→ two days **before**
		tomorrow	→ **the next** day / **the following** day
		next year	→ **the next** year / **the following** year

Statt die Zeitangaben zu verschieben, kann man auch den Tag, den Monat, das Jahr usw. nennen (z. B. *on Saturday*).

158 Expressions of time and place in reported speech

Expressions of time *(yesterday, today)* remain the same as in direct speech if they are reported before the day, week, month, etc. is over. If they are reported later, they are shifted back.

2. Ortsangaben

Direkte Rede	Indirekte Rede	
	Bericht vom selben Ort aus	**Bericht von einem anderen Ort aus**
Prime Minister (in Britain): "Traffic levels **in this country** are expected to rise another 30 % by 2015. The road network **here** is already the most overcrowded in the EU."	Newsreader on BBC: "The Prime Minister said that traffic levels **in this country** were expected to rise another 30 % by 2015. He added that the road network **here** was already the most overcrowded in the EU."	Newsreader on CNN: "The British Prime Minister warned that traffic levels **in Britain** were expected to rise another 30 % by 2015. He added that the **British** road network was already the most overcrowded in the EU."

Ortsangaben wie *here, in this country* usw. können in der indirekten Rede beibehalten werden, wenn der Berichterstatter sich am selben Ort befindet wie der Sprecher, dessen Äußerung er wiedergibt. Andernfalls werden sie meist durch den Namen oder eine sonstige genauere Bezeichnung des Ortes ersetzt.

* Wenn aus dem Zusammenhang hervorgeht, welcher Ort gemeint ist, können *here, in this country* usw. auch durch *there, in that country* usw. ersetzt werden:

Cathy (phoning from Cornwall): We're so enjoying our holiday. The weather down **here** is wonderful!
Sue (talking to Jack): Cathy says they're enjoying their holiday in Cornwall. She says the weather down **there** is wonderful.

158 Expressions of time and place in reported speech

Expressions of place *(here, in this country)* remain the same as in direct speech if they are reported from the same place. If they are reported from another place, they are normally replaced by an exact description of the place.

Anhang

1 Unregelmäßige Verben

Infinitiv	*simple past*	*past participle*	
arise [aɪ]	arose [əʊ]	arisen [ɪ]	*sich erheben*
awake [eɪ]	awoke [əʊ]	awoken [əʊ]	*aufwachen, erwachen*
be [iː]	was / were	been [iː]	*sein*
bear [eə]	bore [ɔː]	born(e) [ɔː]	*(er)tragen, gebären*
beat [iː]	beat [iː]	beaten [iː]	*schlagen*
become [ʌ]	became [eɪ]	become [ʌ]	*werden*
begin [ɪ]	began [æ]	begun [ʌ]	*anfangen, beginnen*
bend [e]	bent [e]	bent [e]	*(sich) bücken, biegen*
bet [e]	bet [e], betted	bet [e], betted	*wetten*
bind [aɪ]	bound [aʊ]	bound [aʊ]	*binden*
bite [aɪ]	bit [ɪ]	bitten [ɪ]	*beißen*
bleed [iː]	bled [e]	bled [e]	*bluten*
blow [əʊ]	blew [uː]	blown [əʊ]	*blasen*
break [eɪ]	broke [əʊ]	broken [əʊ]	*(zer)brechen*
breed [iː]	bred [e]	bred [e]	*brüten, züchten*
bring [ɪ]	brought [ɔː]	brought [ɔː]	*(her)bringen*
build [ɪ]	built [ɪ]	built [ɪ]	*bauen*
burn [ɜː]	burnt [ɜː], burned	burnt [ɜː], burned	*brennen*
burst [ɜː]	burst [ɜː]	burst [ɜː]	*platzen*
buy [aɪ]	bought [ɔː]	bought [ɔː]	*kaufen*
catch [æ]	caught [ɔː]	caught [ɔː]	*fangen*
choose [uː]	chose [əʊ]	chosen [əʊ]	*(aus)wählen*
cling [ɪ]	clung [ʌ]	clung [ʌ]	*sich (fest)klammern*
come [ʌ]	came [eɪ]	come [ʌ]	*kommen*
cost [ɒ]	cost [ɒ]	cost [ɒ]	*kosten*
creep [iː]	crept [e]	crept [e]	*kriechen, schleichen*
cut [ʌ]	cut [ʌ]	cut [ʌ]	*schneiden*
deal [iː]	dealt [e]	dealt [e]	*handeln*
dig [ɪ]	dug [ʌ]	dug [ʌ]	*graben*
do [uː]	did [ɪ]	done [ʌ]	*machen, tun*
draw [ɔː]	drew [uː]	drawn [ɔː]	*zeichnen, ziehen*
dream [iː]	dreamt [e], dreamed	dreamt [e], dreamed	*träumen*
drink [ɪ]	drank [æ]	drunk [ʌ]	*trinken*
drive [aɪ]	drove [əʊ]	driven [ɪ]	*fahren*
eat [iː]	ate [e]	eaten [iː]	*essen*
fall [ɔː]	fell [e]	fallen [ɔː]	*fallen*
feed [iː]	fed [e]	fed [e]	*füttern*
feel [iː]	felt [e]	felt [e]	*fühlen*

Infinitiv	*simple past*	*past participle*	
fight [aɪ]	fought [ɔː]	fought [ɔː]	*kämpfen*
find [aɪ]	found [aʊ]	found [aʊ]	*finden*
flee [iː]	fled [e]	fled [e]	*fliehen*
fling [ɪ]	flung [ʌ]	flung [ʌ]	*schleudern*
fly [aɪ]	flew [uː]	flown [əʊ]	*fliegen*
forbid [ɪ]	forbade [æ]	forbidden [ɪ]	*verbieten*
forget [e]	forgot [ɒ]	forgotten [ɒ]	*vergessen*
forgive [ɪ]	forgave [eɪ]	forgiven [ɪ]	*vergeben, verzeihen*
freeze [iː]	froze [əʊ]	frozen [əʊ]	*(er)frieren*
get [e]	got [ɒ]	got [ɒ], (*US*) gotten	*bekommen, werden*
give [ɪ]	gave [eɪ]	given [ɪ]	*geben*
go [əʊ]	went [e]	gone [ɒ]	*gehen, fahren*
grind [aɪ]	ground [aʊ]	ground [aʊ]	*(zer)mahlen*
grow [əʊ]	grew [uː]	grown [əʊ]	*wachsen, anbauen*
hang [æ]	hung [ʌ]	hung [ʌ]	*(auf)hängen*
have [æ]	had [æ]	had [æ]	*haben*
hear [ɪə]	heard [ɜː]	heard [ɜː]	*hören*
hide [aɪ]	hid [ɪ]	hidden [ɪ]	*(sich) verstecken*
hit [ɪ]	hit [ɪ]	hit [ɪ]	*schlagen, treffen*
hold [əʊ]	held [e]	held [e]	*halten*
hurt [ɜː]	hurt [ɜː]	hurt [ɜː]	*verletzen, wehtun*
keep [iː]	kept [e]	kept [e]	*(be)halten*
know [əʊ]	knew [uː]	known [əʊ]	*wissen, kennen*
lay [eɪ]	laid [eɪ]	laid [eɪ]	*legen*
lead [iː]	led [e]	led [e]	*führen, leiten*
lean [iː]	leant [e], leaned	leant [e], leaned	*lehnen*
learn [ɜː]	learnt [ɜː], learned	learnt [ɜː], learned	*lernen*
leave [iː]	left [e]	left [e]	*(ver-/zurück)lassen*
lend [e]	lent [e]	lent [e]	*(ver)leihen*
let [e]	let [e]	let [e]	*lassen*
lie [aɪ]	lay [eɪ]	lain [eɪ]	*liegen*
light [aɪ]	lit [ɪ], lighted	lit [ɪ], lighted	*anzünden, beleuchten*
lose [uː]	lost [ɒ]	lost [ɒ]	*verlieren*
make [eɪ]	made [eɪ]	made [eɪ]	*machen*
mean [iː]	meant [e]	meant [e]	*bedeuten, meinen*
meet [iː]	met [e]	met [e]	*treffen, begegnen*
mistake [eɪ]	mistook [ʊ]	mistaken [eɪ]	*falsch verstehen*
pay [eɪ]	paid [eɪ]	paid [eɪ]	*bezahlen*
put [ʊ]	put [ʊ]	put [ʊ]	*setzen, stellen, legen*
read [iː]	read [e]	read [e]	*lesen*
ride [aɪ]	rode [əʊ]	ridden [ɪ]	*reiten, fahren*
ring [ɪ]	rang [æ]	rung [ʌ]	*klingeln, anrufen*
rise [aɪ]	rose [əʊ]	risen [ɪ]	*aufstehen, aufgehen*
run [ʌ]	ran [æ]	run [ʌ]	*laufen, rennen*
say [eɪ]	said [e]	said [e]	*sagen*
see [iː]	saw [ɔː]	seen [iː]	*sehen*

Infinitiv	simple past	past participle	
seek [iː]	sought [ɔː]	sought [ɔː]	*suchen*
sell [e]	sold [əʊ]	sold [əʊ]	*verkaufen*
send [e]	sent [e]	sent [e]	*senden, schicken*
set [e]	set [e]	set [e]	*setzen, stellen, legen*
sew [əʊ]	sewed [əʊ]	sewn [əʊ], sewed	*nähen*
shake [eɪ]	shook [ʊ]	shaken [eɪ]	*schütteln*
shed [e]	shed [e]	shed [e]	*vergießen*
shine [aɪ]	shone [ɒ]	shone [ɒ]	*scheinen*
shoot [uː]	shot [ɒ]	shot [ɒ]	*schießen*
show [əʊ]	showed [əʊ]	shown [əʊ]	*zeigen*
shrink [ɪ]	shrank [æ], shrunk [ʌ]	shrunk [ʌ]	*schrumpfen, einlaufen*
shut [ʌ]	shut [ʌ]	shut [ʌ]	*schließen*
sing [ɪ]	sang [æ]	sung [ʌ]	*singen*
sink [ɪ]	sank [æ]	sunk [ʌ]	*sinken, versenken*
sit [ɪ]	sat [æ]	sat [æ]	*sitzen, sich setzen*
sleep [iː]	slept [e]	slept [e]	*schlafen*
slide [aɪ]	slid [ɪ]	slid [ɪ]	*rutschen, schieben*
smell [e]	smelt [e], smelled	smelt [e], smelled	*riechen*
speak [iː]	spoke [əʊ]	spoken [əʊ]	*sprechen*
spell [e]	spelt [e], spelled	spelt [e], spelled	*buchstabieren*
spend [e]	spent [e]	spent [e]	*ausgeben, verbringen*
spill [ɪ]	spilt [ɪ], spilled	spilt [ɪ], spilled	*vergießen, verschütten*
spin [ɪ]	spun [ʌ]	spun [ʌ]	*spinnen, drehen*
split [ɪ]	split [ɪ]	split [ɪ]	*spalten, teilen*
spoil [ɔɪ]	spoilt [ɔɪ], spoiled	spoilt [ɔɪ], spoiled	*verderben, verwöhnen*
spread [e]	spread [e]	spread [e]	*(sich) ver-/ausbreiten*
spring [ɪ]	sprang [æ]	sprung [ʌ]	*springen*
stand [æ]	stood [ʊ]	stood [ʊ]	*stehen*
steal [iː]	stole [əʊ]	stolen [əʊ]	*stehlen*
stick [ɪ]	stuck [ʌ]	stuck [ʌ]	*kleben, bleiben*
sting [ɪ]	stung [ʌ]	stung [ʌ]	*stechen*
stink [ɪ]	stank [æ], stunk [ʌ]	stunk [ʌ]	*stinken*
strike [aɪ]	struck [ʌ]	struck [ʌ]	*schlagen*
swear [eə]	swore [ɔː]	sworn [ɔː]	*schwören, fluchen*
sweep [iː]	swept [e]	swept [e]	*fegen*
swim [ɪ]	swam [æ]	swum [ʌ]	*schwimmen*
swing [ɪ]	swung [ʌ]	swung [ʌ]	*schwingen, schaukeln*
take [eɪ]	took [ʊ]	taken [eɪ]	*nehmen, (hin)bringen*
teach [iː]	taught [ɔː]	taught [ɔː]	*lehren, unterrichten*
tear [eə]	tore [ɔː]	torn [ɔː]	*(zer)reißen*
tell [e]	told [əʊ]	told [əʊ]	*erzählen, sagen*
think [ɪ]	thought [ɔː]	thought [ɔː]	*denken, meinen*
throw [əʊ]	threw [uː]	thrown [əʊ]	*werfen*
understand [æ]	understood [ʊ]	understood [ʊ]	*verstehen*
upset [ʌpˈset]	upset [ʌpˈset]	upset [ʌpˈset]	*ärgern, kränken*
wake [eɪ]	woke [əʊ]	woken [əʊ]	*wecken, aufwachen*

Infinitiv	*simple past*	*past participle*	
wear [eə]	wore [ɔː]	worn [ɔː]	*tragen (Kleidung)*
weep [iː]	wept [e]	wept [e]	*weinen*
win [ɪ]	won [ʌ]	won [ʌ]	*gewinnen*
wind [aɪ]	wound [aʊ]	wound [aʊ]	*wickeln, aufziehen*
wring [ɪ]	wrung [ʌ]	wrung [ʌ]	*auswringen, umdrehen*
write [aɪ]	wrote [əʊ]	written [ɪ]	*schreiben*

2 Übersicht über die Zeitformen des Aktivs und Passivs

In der folgenden Übersicht ist die *simple form* jeweils farbig unterlegt; die *progressive form* wird auf weißem Hintergrund dargestellt.

	Aktiv	Passiv
present tense	Judy **takes** Sammy for a walk every afternoon.	The dog **is taken** for a walk every afternoon.
	Judy **is taking** Sammy for a walk.	Sammy **is being taken** to the vet's now.
past tense	Last summer Mark **took** lots of photos.	This photo **was taken** two years ago.
	Someone walked in front of the camera while Mark **was taking** a photo.	I met our new neighbours while their furniture **was being taken** into the house.
present perfect	Dad **has taken** the boys to school in the car.	Judy **has been taken** to hospital. She is seriously ill.
	Paul **has been taking** driving lessons for nearly three months now.	–
past perfect	Dad went to the office after he **had taken** the boys to school.	Mark didn't eat much for a day or two after his tooth **had been taken** out.
	Paul was afraid of failing his driving test, although he **had been taking** driving lessons for months.	–
will-future	Sarah's training as a vet **will take** six years.	A photograph of the school-leavers **will be taken** outside the school hall next Monday.
	Next year at this time Judy **will be taking** her A levels.	–

	Aktiv	Passiv
future perfect	Tomorrow at this time our plane **will have taken** off.	Our luggage **will have been taken** on board long before the flight is called.
	John is learning to fly. By the end of this year he **will have been taking** lessons for six months.	–
conditional	If Mark had a dog, he **would take** it out regularly.	If Judy was seriously ill, she **would be taken** to hospital at once.
	If the weather wasn't so terrible, Judy **would be taking** Sammy for a walk.	–
conditional perfect	If Mum had known that Judy felt ill, she **would have taken** her to the doctor's.	If Judy had been seriously ill, she **would have been taken** to hospital at once.
	If Mark hadn't been ill all winter, he **would have been taking** his exams in June.	–

3 Wortbildung

Unter Wortbildung versteht man die Bildung neuer Wörter aus schon vorhandenen, z. B. mit Hilfe von Vor- oder Nachsilben. Durch die Kenntnis der Wortbildungsregeln lassen sich die Bedeutungen vieler unbekannter Wörter erschließen.

1. Wortbildung durch Vorsilben

	Bedeutung	Nomen	Verb	Adjektiv
re-	„nochmals", „zurück"		to **re**write neu schreiben	
		repayment Rückzahlung	to **re**pay zurückzahlen	**re**payable rückzahlbar
in- (*im-* vor *b, p, m,* *il-* vor *l,* *ir-* vor *r*)	„nicht", „Gegenteil von"	**in**action Untätigkeit		**in**active untätig
		independence Unabhängigkeit		**in**dependent unabhängig
		impossibility Unmöglichkeit		**im**possible unmöglich
		illogicality Unlogik		**il**logical unlogisch
		irregularity Unregelmäßigkeit		**ir**regular unregelmäßig

	Bedeutung	Nomen	Verb	Adjektiv
un-	„nicht", „Gegenteil von", „rückgängig machen"	**un**happiness Traurigkeit		**un**happy unglücklich
		uncertainty Ungewissheit		**un**certain ungewiss
			to **un**lock aufschließen	**un**locked unverschlossen
dis-		**dis**honesty Unehrlichkeit		**dis**honest unehrlich
		disappearance Verschwinden	to **dis**appear verschwinden	
		disqualification Disqualifizierung	to **dis**qualify disqualifizieren	
			to **dis**agree nicht einverstanden sein	**dis**agreeable unangenehm
de-	„rückgängig machen"	**de**formation Verunstaltung	to **de**form verunstalten	**de**formed verunstaltet
mis-	„falsch"	**mis**understanding Missverständnis	to **mis**understand missverstehen	
			to **mis**lead irreführen	**mis**leading irreführend
mal-	„schlecht"	**mal**treatment Misshandlung	to **mal**treat misshandeln	**mal**treated misshandelt
over-	„über", „zu viel"	**over**population Überbevölkerung		**over**populated überbevölkert
under-	„unter", „zu wenig"	**under**payment Unterbezahlung	to **under**pay unterbezahlen	**under**paid unterbezahlt
super-	„über" „mehr als"			**super**natural übernatürlich
sub-	„unter", „weniger als"	**sub**way Unterführung (BE), U-Bahn (AE)		
				subnormal minderbegabt
inter-	„zwischen", „gegen-seitig"	**inter**action Wechselwirkung	to **inter**act aufeinander wirken	**inter**active interaktiv
co-	„zusammen", „mit-einander"	**co**-operation Zusammenarbeit	to **co**-operate zusammenarbeiten	**co**-operative hilfsbereit
pre-	„vor"	**pre**history Vorgeschichte		**pre**historic vorgeschichtlich
post-	„nach"			**post**war Nachkriegs-
trans-	„jenseits" „hinüber"			**trans**atlantic transatlantisch
		transplantation Verpflanzung	to **trans**plant verpflanzen	

	Bedeutung	Nomen	Verb	Adjektiv
pro-	„für" (Einstellung)			**pro**-American proamerikanisch
anti-	„gegen" (Wirkung oder Einstellung)	**anti**freeze Frostschutz		**anti**-American antiamerikanisch
counter-	„gegen" (Maßnahme)	**counter**-attack Gegenangriff	to **counter**-attack einen Gegenangriff starten	

2. Wortbildung durch Nachsilben

	Nachsilbe		Nomen	Verb	Adjektiv
Adjektiv +	*-ness*	→ **Nomen** (Eigenschaft)	dark**ness** Dunkelheit	←	dark dunkel
	-(i)ty		activ**ity** Aktivität		active aktiv
			certain**ty** Gewissheit		certain gewiss
	-ence		differ**ence** Unterschied		different unterschiedlich
	-th		tru**th** Wahrheit		true wahr
			leng**th** Länge		long lang
Verb +	*-ment*	→ **Nomen** (Vorgang, Tätigkeit)	move**ment** Bewegung	← to move sich bewegen	
	-ion		act**ion** Handlung	to act handeln	
	-ation		examin**ation** Prüfung	to examine prüfen	
	-ision		dec**ision** Entscheidung	to decide entscheiden	
Verb +	*-er*	→ **Nomen** (Person, die etwas tut, Gerät)	writ**er** Schriftsteller	← to write schreiben	
	-or		act**or** Schauspieler	to act (Rolle) spielen	
			mix**er** Mixer	to mix mixen	
Verb +	*-ing*	→ **Nomen** (Vorgang, Ergebnis)	begin**ning** Anfang	← to begin anfangen	
			build**ing** Gebäude	to build bauen	

3 Word formation

The addition of prefixes
The addition of suffixes

Verb + *-ing*, *-ed*, *-ive*, *-able*, *-ible* → **Adjektiv**

Nomen + *-ous*, *-al*, *-ic*, *-ical*, *-y*, *-ful*, *-less* → **Adjektiv**

Adjektiv + *-en*, *-ize*, *-ify* → **Verb**

Nomen	Verb	Adjektiv
	to surprise →	surpris**ing**
	überraschen	überraschend
		surpris**ed**
		überrascht
	to create	creat**ive**
	erschaffen	schöpferisch
	to understand	understand**able**
	verstehen	verständlich
	to divide	divis**ible**
	teilen	teilbar
danger	→	danger**ous**
Gefahr		gefährlich
tradition		tradition**al**
Tradition		traditionell
artist		artist**ic**
Künstler		künstlerisch
type		typ**ical**
Typ		typisch
dirt		dirt**y**
Schmutz		schmutzig
beauty		beauti**ful**
Schönheit		schön
power		power**less**
Macht		machtlos
	to short**en**	← short
	kürzen	kurz
	to modern**ize**	modern
	modernisieren	modern
	to simpl**ify**	simple
	vereinfachen	einfach

3. Konversion

Von Konversion spricht man, wenn ein Wort in eine andere Wortart übertritt, ohne dabei die Form zu verändern. Das gleiche Wort kann dann z. B. als Nomen und als Verb gebraucht werden.

Nomen		Verb		Adjektiv	
the rain	Regen	to rain	regnen		
an answer	Antwort	to answer	antworten		
a surprise	Überraschung	to surprise	überraschen		
		to dry	trocknen	dry	trocken
		to empty	leeren	empty	leer

3 Word formation
The addition of suffixes
Conversion

Nomen		Verb		Adjektiv	
an equal	Gleichgestellte(r)	to equal	gleichen	equal	gleich
a giant	Riese			giant	riesig
a secret	Geheimnis			secret	geheimnisvoll
a sweet	Bonbon			sweet	süß

4. Wortzusammensetzungen

Neue Wörter können auch durch Zusammensetzung von bestehenden Wörtern gebildet werden. Die Zusammensetzungen werden oft mit Bindestrich oder als ein Wort geschrieben.

dishwasher	Spülmaschine	freeway	Autobahn (AE)
letterbox	Briefkasten	redwood	(Baumart)
boyfriend	Freund	wildlife	Tierwelt
earthquake	Erdbeben	outback	(australisches Hinterland)
washing-machine	Waschmaschine		
dining-room	Esszimmer	underground	U-Bahn

Bei den meisten Zusammensetzungen handelt es sich um Nomen.

bitter-sweet	bittersüß	good-looking	gut aussehend
dark blue	dunkelblau	heartbreaking	herzzerbrechend
second-best	zweitbeste(r/s)	self-cleaning	selbstreinigend
trouble-free	störungsfrei	hand-made	von Hand gemacht
seasick	seekrank	dark-haired	dunkelhaarig
waterproof	wasserdicht, wasserfest	left-handed	linkshändig

Außerdem gibt es auch zusammengesetzte Adjektive, darunter viele Verbindungen mit dem *present* oder *past participle (good-looking, hand-made).*

Neue Wörter entstehen auch durch
- Wortkürzung:
  advertisement [əd'vɜːtɪsmənt] → advert ['ædvɜːt], ad [æd]
  laboratory [lə'bɒrətrɪ] → lab [læb]
- Wortmischung:
  smoke + fog → smog
  breakfast + lunch → brunch
- Zusammensetzung von Anfangsbuchstaben:
  very important person → VIP ['viːaɪ'piː]
  Member of Parliament → MP [ˌem'piː]
  United Nations International Children's Emergency Fund → UNICEF ['juːnɪsef]

4 Lautzeichen

Kurze Vokale		Lange Vokale		Diphthonge		Stimmlose Konsonanten		Stimmhafte Konsonanten			
[ɪ]	sit	[iː]	see	[eɪ]	name	[s]	sun	[z]	easy	[l]	land
[ʌ]	cut	[ɑː]	ask	[aɪ]	time	[ʃ]	ship	[ʒ]	vision	[m]	man
[ɒ]	box	[ɔː]	door	[ɔɪ]	boy	[tʃ]	chin	[dʒ]	job	[n]	new
[ʊ]	put	[uː]	moon	[əʊ]	cold	[θ]	thin	[ð]	then	[ŋ]	long
[e]	let	[ɜː]	bird	[aʊ]	loud	[f]	fan	[v]	van	[r]	red
[æ]	hat			[ɪə]	here	[p]	pig	[b]	big	[h]	hot
[ə]	again			[eə]	there	[t]	town	[d]	down	[j]	yes
				[ʊə]	sure	[k]	car	[g]	go	[w]	wall

Betonungszeichen

international [ˌɪntəˈnæʃənl]	ˈ = Hauptbetonung ˌ = Nebenbetonung
copilot [ˈ-ˌ--]	- steht für eine Silbe, wenn nur die Betonung angegeben wird

5 Das englische Alphabet

a [eɪ]	b [biː]	c [siː]	d [diː]	e [iː]	f [ef]	g [dʒiː]	h [eɪtʃ]	i [aɪ]
j [dʒeɪ]	k [keɪ]	l [el]	m [em]	n [en]	o [əʊ]	p [piː]	q [kjuː]	r [ɑː]
s [es]	t [tiː]	u [juː]	v [viː]	w [ˈdʌbljuː]	x [eks]	y [waɪ]	z BE [zed], AE [ziː]	

6 Englische Ausdrücke für Satzzeichen

.	BE: full stop, AE: period [ˈpɪərɪəd]	-	hyphen [ˈhaɪfən] (Bindestrich)
,	comma	" " / ' '	inverted commas, (double / single) quotation marks
;	semi-colon [ˌsemɪˈkəʊlən]	'	apostrophe [əˈpɒstrəfɪ]
:	colon	( )	(round) brackets
?	question mark	[ ]	square brackets
!	exclamation mark [ˌekskləˈmeɪʃn]	/	slash
–	dash (Gedankenstrich)		

7 Britisches und amerikanisches Englisch

Die in Jahrhunderten entstandenen Unterschiede zwischen amerikanischem und britischem Englisch verwischen sich zusehends, wobei das britische Englisch immer stärker vom amerikanischen Englisch beeinflusst wird. Die folgenden Beispiele beschreiben daher lediglich die zur Zeit im britischen und amerikanischen Englisch bevorzugte Verwendung im Bereich des Wortschatzes, der Aussprache, der Rechtschreibung und der Grammatik.

1. Wortschatz

Britisches Englisch	Amerikanisches Englisch	
Schule *(School)*		
primary school	elementary school	*Grundschule*
comprehensive school	high school	*Gesamtschule*
class	grade	*(Schul-)Klasse*
pupil	student	*Schüler(in)*
head (teacher)	principal	*Schuldirektor(in)*
timetable	schedule ['skedʒuːl]	*Stundenplan*
mark	grade	*(Schul-)Note*
Maths	Math	*Mathematik*
exercise book	notebook	*(Übungs-)Heft*
holidays	vacation	*Ferien*
Nahrungsmittel *(Food)*		
biscuit	cookie	*Keks, Plätzchen*
sweets	candy	*Süßigkeiten*
maize	corn	*Mais*
lemonade	soda	*Limonade*
Kleidung *(Clothes)*		
trousers	pants	*Hose*
zip	zipper	*Reißverschluß*
handbag	purse, handbag, pocketbook	*Handtasche*
purse	wallet	*Geldbeutel*
Städtisches Leben / Gebäude *(Urban environment / buildings)*		
town centre, city centre	downtown	*Stadtmitte / -zentrum*
shopping centre	shopping mall	*Einkaufszentrum*
shop	store	*Laden*
to queue (up)	to get in line	*sich anstellen*
pavement	sidewalk	*Bürgersteig*
phone box	phone booth	*Telefonzelle*
postman / postwoman	mailman / mailwoman	*Briefträger(in)*
(at the) cinema	(at the) movies	*(im) Kino*
front garden	front yard	*Vorgarten*
flat	apartment	*Wohnung*

Britisches Englisch	Amerikanisches Englisch	
Städtisches Leben / Gebäude ***(Urban environment / buildings)***		
lift	elevator	*Fahrstuhl*
toilet	restroom, bathroom	*Toilette*
cupboard	closet	*Schrank*
dustbin	garbage can	*Mülleimer*
rubbish	trash, garbage	*Abfall*
Verkehr ***(Transport)***		
railway	railroad	*Eisenbahn*
underground	subway	*U-Bahn*
lorry, truck	truck	*Lastwagen*
motorbike	motorcycle	*Motorrad*
car park	parking lot	*öffentlicher Parkplatz*
hire (a car)	rent (a car)	*mieten*
petrol	gas(oline)	*Benzin*
Sonstiges ***(Other)***		
autumn	fall	*Herbst*
path	trail	*Pfad*
pocket money	allowance	*Taschengeld*
penfriend	pen pal	*Brieffreund(in)*
film	movie	*Film*
football	soccer	*Fußball*
a quarter	a fourth	*ein Viertel (1/4)*
three quarters	three fourths	*drei Viertel (3/4)*

2. Rechtschreibung

Britisches Englisch	Amerikanisches Englisch
behavi**our**, col**our**, fav**our**ite, harb**our**, hon**our**, lab**our**, neighb**our**	behavi**or**, col**or**, fav**or**ite, harb**or**, hon**or**, lab**or**, neighb**or**
cen**tre**, li**tre**, me**tre**, thea**tre**	cen**ter**, li**ter**, me**ter**, thea**ter**
cance**ll**ed, dia**ll**ed, quare**ll**ing, trave**ll**er	cance**l**ed, dia**l**ed, quare**l**ing, trave**l**er
catal**ogue**, dial**ogue**, monol**ogue**	catal**og**, dial**og**, monol**og**
defen**ce**, licen**ce**, offen**ce**	defen**se**, licen**se**, offen**se**
to fulfil, skilful	to fulfi**ll**, ski**ll**ful
to practi**se**	to practi**ce**
gr**e**y, mum, progra**mme**, tyre	gr**a**y, mom, progra**m**, tire
24.12.99 (Tag, Monat, Jahr)	12. 24.99 (Monat, Tag, Jahr)

3. Aussprache

	Britisches Englisch	Amerikanisches Englisch
ask, b**a**th, c**a**n't b**o**ther, st**o**p, G**o**d **ei**ther, n**ei**ther d**u**ty, n**ew**, n**eu**tral ci**t**y, be**tt**er, wa**t**er	[ɑː]: [ɑːsk], [bɑːθ], [kɑːnt] [ɒ]: ['bɒðə], [stɒp], [gɒd] [aɪ]: ['aɪðə], ['naɪðə] [juː]: [djuːtɪ], [njuː], ['njuːtrəl] [t]: ['sɪtɪ], ['betə], ['wɔːtə]	[æ]: [æsk], [bæθ], [kænt] [ɑː]: ['bɑːðər], [stɑːp], [gɑːd] [iː]: ['iː ðər], ['niːðər] [uː]: [duːt̬ɪ], [nuː], ['nuːtrəl] [t̬]: ['sɪt̬ɪ], ['bet̬ər], ['wɔːt̬ər] (*t* wird zwischen stimmhaften Lauten ähnlich wie *d* gesprochen)
ca**r**, bi**r**d, winne**r**	[ ]: [kɑː], [bɜːd], ['wɪnə] (*r* wird im Auslaut und vor Konsonant nicht gesprochen)	[r]: [kɑːr], [bɜːrd], ['wɪnər] (*r* wird immer gesprochen)

4. Grammatik

Britisches Englisch	Amerikanisches Englisch
I'm not hungry. I**'ve** just **had** lunch. He'**s** already **done** the job. **Have** you **heard** the news yet?	I'm not hungry. I just **had** lunch. / I've just had lunch. He already **did** the job. / He's already done the job. **Did** you **hear** the news yet? / Have you heard the news yet?
Have you **got** any relations in America? I **must** go now. I **have got to** go now. You needn't have **got** so worried.	**Do** you **have** any relations in Europe? I **have to** go now. You needn't have **gotten** so worried.
That's a **really nice** car.	(Umgangssprache) That's a **real nice** car.
I'm not, you **aren't**, we **haven't**, she **hasn't**	(Umgangssprache) I / you / we / she **ain't**

8 Englisch-deutsches Verzeichnis grammatischer Ausdrücke

absolute participle construction ['æbsəˌluːt 'pɑːtɪsɪpl kən'strʌkʃn]	absolute Partizipialkonstruktion (Partizipialkonstruktion mit eigenem Subjekt)	*The weather being foggy,* the plane was not able to land.
active (voice) ['æktɪv 'vɔɪs]	Aktiv	*The cowboys drove the cattle across the river.* (cf. passive voice)
adjective ['ædʒɪktɪv]	Adjektiv	*good, bad, terrible,* etc.
adverb ['ædvɜːb]	Adverb	*well, badly, terribly,* etc.
adverb of comment ['kɒment]	kommentierendes Adverb	*unfortunately, obviously, probably,* etc.
adverb of definite frequency ['defɪnɪt 'friːkwənsɪ]	Adverb der bestimmten Häufigkeit	*once, twice, daily, weekly, monthly,* etc.
adverb of definite time	Adverb der bestimmten Zeit	*yesterday, today, tomorrow,* etc.
adverb of degree [dɪ'griː]	Gradadverb	*very, quite, rather,* etc.
adverb of direction [dɪ'rekʃən]	Richtungsadverb	Come *here*. We went *upstairs*.
adverb of indefinite frequency [ɪn'defɪnɪt 'friːkwənsɪ]	Adverb der unbestimmten Häufigkeit	*always, often, sometimes,* etc.
adverb of indefinite time	Adverb der unbestimmten Zeit	*already, soon, now, just,* etc.
adverb of manner ['mænə]	Adverb der Art und Weise	*carefully, slowly, easily,* etc.
adverb of place	Ortsadverb	It is *here*. Her room is *upstairs*.
adverbial (phrase) [əd'vɜːbjəl 'freɪz]	adverbiale Bestimmung	*in London, last night, once a month,* etc.
adverbial clause [əd'vɜːbjəl 'klɔːz]	adverbialer Nebensatz	see clause of reason / time / condition / comparison / concession / purpose
article ['ɑːtɪkl]	Artikel	see definite / indefinite article
attributive use (of adjectives) [ə'trɪbjʊtɪv 'juːs]	attributiver Gebrauch (von Adjektiven)	a *nice* balloon (cf. predicative use)
auxiliary [ɔːg'zɪljərɪ]	Hilfsverb	*be, have, do, can, may, must,* etc. (cf. main verb)
backshift of tenses (in reported speech) ['bækʃɪft əv 'tensɪz]	Rückverschiebung der Zeitformen (in der indirekten Rede)	"I *can't* come." → He said he *couldn't* come.
by-agent ['baɪ ˌeɪdʒnt]	–	The kidnappers were arrested *by Inspector Mulligan*.
cardinal numbers ['kɑːdɪnl 'nʌmbəz]	Grundzahlen	*one, two, three,* etc. (cf. ordinal numbers)
clause [klɔːz]	Haupt- / Nebensatz	see main clause, subordinate clause
clause of comparison [kəm'pærɪsn]	Nebensatz des Vergleichs	He went past *as if he hadn't seen us*.
clause of concession [kən'seʃn]	Nebensatz der Einräumung	We went out *although it was raining*.
clause of condition [kən'dɪʃn]	Nebensatz der Bedingung	I won't go *unless you go with me*. (see also *if*-clause)

clause of reason ['ri:zn]	Nebensatz des Grundes	We can't go out *because it's raining.*
clause of time	Nebensatz der Zeit	I'll wait here *until you come back.*
clause of purpose ['pɜ:pəs]	Nebensatz des Zwecks	We left early *so that we would arrive in time.*
colloquial [kə'ləʊkwɪəl]	umgangssprachlich	
common noun ['kɒmən 'naʊn]	allgemeines Nomen	*book, food, people* (cf. name)
comparative (form) [kəm'pærətɪv]	Komparativ	*better, faster, more expensive,* etc. (cf. superlative)
comparison [kəm'pærɪsn]	Steigerung; Vergleich	good – *better* – *best; more expensive than …, as nice as …*
complement ['kɒmplɪmənt]	(Verb-)Ergänzung	be *a Catholic,* remain *silent*
complex clause ['kɒmpleks 'klɔ:z]	Satzgefüge	*If it rains, we'll stay at home.* (cf. main clause, subordinate clause)
compound ['kɒmpaʊnd]	(Wort-)Zusammensetzung	*someone, living-room, school uniform*
conditional [kən'dɪʃənl]	–	I *would come.*
conditional perfect [kən'dɪʃənl 'pɜ:fekt]	–	I *would have come.*
conditional sentence [kən'dɪʃənl 'sentəns]	Bedingungssatz(gefüge)	*If it rains, we'll stay at home.*
conjunction [kən'dʒʌŋkʃn]	Konjunktion	*while, because, though, if,* etc.
contact clause ['kɒntækt ˌklɔ:z]	Relativsatz ohne Relativpronomen	The book *I'm reading* is fantastic.
countable noun ['kaʊntəbl 'naʊn]	zählbares Nomen	a *book,* two *books* (cf. uncountable noun)
defining relative clause [dɪ'faɪnɪŋ 'relətɪv 'klɔ:z]	notwendiger Relativsatz	The waitress *who served us yesterday* was very friendly. (cf. non-defining relative clause)
definite article ['defɪnɪt 'ɑ:tɪkl]	bestimmter Artikel	*the* town, *the* answer
demonstrative (word) [dɪ'mɒnstrətɪv]	Demonstrativwort	see demonstrative determiner / pronoun
demonstrative determiner [dɪ'tɜ:mɪnə]	Demonstrativbegleiter	*this* boy, *these* boys, *that* girl, *those* girls
demonstrative pronoun ['prəʊnaʊn]	Demonstrativpronomen	*This* is my jacket. Whose is *that? These* are my books, and *those* are yours.
direct object ['daɪrekt 'ɒbdʒekt]	direktes Objekt	He was reading *a letter.* She gave me *a book.* (cf. indirect object)
direct speech ['daɪrekt 'spi:tʃ]	direkte Rede	She said: *"I can't come."* (cf. reported speech)
do-emphasis ['du: ˌemfəsɪs]	Hervorhebung mit *do*	I'm not very keen on sports, but I *do* like swimming.
dynamic verb [daɪ'næmɪk 'vɜ:b]	Tätigkeits- oder Vorgangsverb	*read, walk, work, become, grow,* etc. (cf. stative verb)
emphatic *do* [ɪm'fætɪk]	Hervorhebung mit do	see *do*-emphasis
end position (of adverbs) ['end pəˌzɪʃn]	Endstellung (von Adverbien)	We came back *yesterday.* She makes friends *easily.* (cf. front position, mid position)
expression of direction [ɪk'spreʃn əv dɪ'rekʃən]	Richtungsangabe	*to the house, into the room, out of the window,* etc.

expression of frequency ['fri:kwənsi]	Wiederholungszahl	*once, twice, three times,* etc.
expression of place	Ortsangabe	*at the table, in the house,* etc.
expression of quantity ['kwɒntɪtɪ]	Mengenangabe	*a piece of* cake, *two pounds of* apples, *some* salt, etc.
expression of time	Zeitangabe	*in the morning, on Friday,* etc.
female ['fi:meɪl]	weiblich	*She*'s a teacher. (cf. male)
formal ['fɔ:ml]	förmlich	
front position (of adverbs) ['frʌnt pəˌzɪʃn]	Anfangsstellung (von Adverbien)	*Yesterday* I visited my grandparents. (cf. end position, mid position)
full forms (of auxiliaries)	Langformen (der Hilfsverben)	We *have* landed. She *is* on holiday. I *have not* met her. (cf. short forms)
future ['fju:tʃə]	–	see *will*-future, *going-to*-future
future perfect [ˌfju:tʃə 'pɜ:fekt]	–	I *will have finished* the job by the weekend.
future progressive ['fju:tʃə prə'gresɪv]	–	We *will be meeting* him tonight.
general personal pronoun ['dʒenrl ˌpɜ:sənl 'prəʊnaʊn]	allgemeines Personalpronomen	*One* shouldn't change *one's* mind too often.
genitive ['dʒenɪtɪv]	Genitiv	see *s*-genitive, *of*-phrase
gerund ['dʒerənd]	–	I like *playing* tennis. *Dancing* is fun.
going-to-future ['gəʊɪŋ tʊ ˌfju:tʃə]	–	We *are going to spend* a week in France.
if-clause ['ɪf ˌklɔ:z]	*if*-Satz	*If we hurry,* we will catch the bus.
imperative [ɪm'perətɪv]	Imperativ	*Come* in. *Don't wait* outside.
imperative sentence	Aufforderungssatz	*Come in. Don't wait outside.*
indefinite article [ɪn'defɪnɪt 'ɑ:tɪkl]	unbestimmter Artikel	*a* town, *an* answer
indirect object ['ɪndaɪˌrekt 'ɒbdʒekt]	indirektes Objekt	She gave *me* a book. She was dictating a letter *to her secretary.* (cf. direct object)
indirect speech ['ɪndaɪˌrekt 'spi:tʃ]	indirekte Rede	see reported speech
infinitive [ɪn'fɪnətɪv]	Infinitiv	*(to) be, (to) have, (to) see,* etc.
interrogative [ˌɪntə'rɒgətɪv]	Fragewort	see question word
interrogative clause [ˌɪntə'rɒgətɪv 'klɔ:z]	indirekter Fragesatz	I don't know *where she is.*
intonation [ˌɪntə'neɪʃn]	Intonation, Satzmelodie	
inversion [ɪn'vɜ:ʃn]	Inversion (Umstellung von Subjekt und Hilfsverb)	Never *have I* seen such a crowd.
irregular verb [ɪ'regjʊlə 'vɜ:b]	unregelmäßiges Verb	*go – went – gone* (cf. regular verb)
linking adverb ['lɪŋkɪŋ ˌædvɜ:b]	satzverknüpfendes Adverb	*therefore, however, finally,* etc.
main clause ['meɪn 'klɔ:z]	Hauptsatz	If it rains, *we'll stay at home.* (cf. subordinate clause)
main verb ['meɪn 'vɜ:b]	Vollverb	*go, read, know,* etc. (cf. auxiliary)
male [meɪl]	männlich	*He*'s a teacher. (cf. female)
mid position (of adverbs) ['mɪd pəˌzɪʃən]	Binnenstellung (von Adverbien)	She *easily* makes friends. (cf. front position, end position)

modal auxiliary ['məʊdl ɔːg'zɪljərɪ]	modales Hilfsverb	*can, may, must, shall, will,* etc.
name [neɪm]	(Eigen-)Name	*Tom, the Browns, France, the Alps,* etc. (cf. common noun)
negative statement ['negətɪv 'steɪtmənt]	verneinter Aussagesatz	*That isn't true.* (cf. positive statement)
non-defining relative clause ['nɒn dɪ'faɪnɪŋ 'relətɪv 'klɔːz]	nichtnotwendiger Relativsatz	The waitress, *who was very friendly,* showed us to a table at the window. (cf. defining relative clause)
noun [naʊn]	Nomen, Substantiv	*book, water, music, people,* etc.
numbers	Zahlen	see cardinal / ordinal numbers
object ['ɒbdʒekt]	Objekt	see direct object, indirect object
object complement ['ɒbdʒekt 'kɒmplɪmənt]	Ergänzung zum Objekt	He found life *hard.* She called him *a fool.*
object form (of personal pronouns)	Objektform (von Personalpronomen)	It's *me/him/her /us/them.* (cf. subject form)
of-phrase ['ɒv freɪz]	–	the roof *of the church,* the manager *of the factory*
ordinal numbers ['ɔːdɪnl 'nʌmbəz]	Ordnungszahlen	*first, second, third,* etc. (cf. cardinal numbers)
participle ['pɑːtɪsɪpl]	Partizip	see present participle, past participle
particle ['pɑːtɪkl]	Adverb als Bestandteil eines *phrasal verb*	take *off,* go *in,* pick *up,* etc.
passive (voice) ['pæsɪv 'vɔɪs]	Passiv	*The cattle were driven across the river.* (cf. active voice)
passive infinitive ['pæsɪv ɪn'fɪnətɪv]	Passivform des Infinitivs	*(to) be repaired, (to) be informed*
past participle ['pɑːst 'pɑːtɪsɪpl]	–	*written, eaten,* (has) *changed.* etc. (cf. present participle)
past perfect ['pɑːst 'pɜːfekt]	–	see simple past perfect, past perfect progressive
past perfect progressive [ˌpɑːst 'pɜːfekt prə'gresɪv]	–	I *had been writing* letters all afternoon that day. (cf. simple past perfect)
past progressive ['pɑːst prə'gresɪv]	–	She *was packing* her suitcase when I arrived. (cf. simple past)
past tense ['pɑːst 'tens]	–	see simple past, past progressive
personal pronoun ['pɜːsənl 'prəʊnaʊn]	Personalpronomen	*I, you, he, she,* etc.
phrasal verb ['freɪzl 'vɜːb]	–	*take off, give up, put on,* etc.
phrase [freɪz]	Satzteil, Wortgruppe	*the round table, at four o'clock*
plural ['plʊərəl]	Plural (Mehrzahl)	some *books,* two *magazines,* etc. (cf. singular)
positive statement ['pɒzətɪv 'steɪtmənt]	bejahter Aussagesatz	*That is true.* (cf. negative statement)
possessive (word) [pə'zesɪv]	Possessivwort	see possessive determiner / pronoun
possessive determiner [pə'zesɪv dɪ'tɜːmɪnə]	Possessivbegleiter	*my* jacket, *your* scarf, *his* shirt, etc.
possessive pronoun [pə'zesɪv 'prəʊnaʊn]	Possessivpronomen	*mine, yours, his, hers,* etc.
predicative use (of adjectives) [prɪ'dɪkətɪv 'juːs]	prädikativer Gebrauch (von Adjektiven)	That balloon is *nice.* (cf. attributive use)
prefix ['priːfɪks]	Vorsilbe	*un*happy, *dis*advantage, *re*open, etc. (cf. suffix)
preposition [ˌprepə'zɪʃn]	Präposition	*in* the house, *at* the table, *for* a week, etc.

present participle ['preznt 'pɑːtɪsɪpl]	–	*writing, eating, changing,* etc. (cf. past participle)
present perfect ['preznt 'pɜːfekt]	–	see simple present perfect, present perfect progressive
present perfect progressive ['preznt 'pɜːfekt prə'gresɪv]	–	I *have been writing* letters all afternoon. (cf. simple present perfect)
present progressive ['preznt prə'gresɪv]	–	She *is working* on an article. (cf. simple present)
present tense ['preznt 'tens]	–	see simple present, present progressive
progressive form [prə'gresɪv 'fɔːm]	–	He *is/was/has been working,* etc. (cf. simple form)
pronoun ['prəʊnaʊn]	Pronomen	see personal / demonstrative / possessive / reciprocal / reflexive / relative pronoun
prop-word ['prɒp ˌwɜːd]	Stützwort	a white shirt, a green *one* and two blue *ones*
question tag ['kwestʃn ˌtæg]	Bestätigungsfrage	It's a lovely day, *isn't it?*
question word ['kwestʃn ˌwɜːd]	Fragewort	*how, why, where, when,* etc.
reciprocal pronoun [rɪ'sɪprəkl 'prəʊnaʊn]	reziprokes Pronomen	*each other, one another*
reflexive pronoun [rɪ'fleksɪv 'prəʊnaʊn]	Reflexivpronomen	She introduced *herself.*
regular verb ['regjʊlə 'vɜːb]	regelmäßiges Verb	*arrive – arrived* (cf. irregular verb)
relative clause ['relətɪv 'klɔːz]	Relativsatz	see defining / non-defining relative clause, contact clause
relative pronoun ['relətɪv 'prəʊnaʊn]	Relativpronomen	the man *who/that* helped me; a story *which/that* really happened
reported speech [rɪ'pɔːtɪd 'spiːtʃ]	indirekte Rede	She said *she couldn't come.* (cf. direct speech)
restrictive adverb [rɪ'strɪktɪv 'ædvɜːb]	einschränkendes Adverb	*hardly, scarcely, rarely, seldom*
sentence ['sentəns]	Satz	
sequence of tenses ['siːkwəns əv 'tensɪz]	Zeitenfolge	
s-genitive ['es 'dʒenɪtɪv]	*s*-Genitiv	*Mum's* computer, *Kate's* book
short answer ['ʃɔːt 'ɑːnsə]	Kurzantwort	Do you like milk? – *Yes, I do./No, I don't.*
short forms (of auxiliaries)	Kurzformen (der Hilfsverben)	We*'ve* landed. She*'s* on holiday. I *haven't* met her. (cf. full forms)
short sentence ['ʃɔːt 'sentəns]	Kurzsatz	I like milk. – *So do I.* I don't like fish. – *Nor do I.*
simple form ['sɪmpl 'fɔːm]	–	He *works/worked/has worked,* etc. (cf. progressive form)
simple past ['sɪmple 'pɑːst]	–	She *packed* her suitcase and *left.* (cf. past progressive)
simple past perfect ['sɪmple ˌpɑːst 'pɜːfekt]	–	After I *had written* the letter, I took it to the post office. (cf. past perfect progressive)
simple present ['sɪmple 'preznt]	–	She *works* for a newspaper. (cf. present progressive)
simple present perfect ['sɪmple ˌpreznt 'pɜːfekt]	–	I *have written* a letter. (cf. present perfect progressive)

singular ['sɪŋgjʊlə]	Singular (Einzahl)	a *book*, a *magazine*, etc. (cf. plural)
speech intention ['spi:tʃ ɪn'tenʃn]	Sprechabsicht	
statement ['steɪtmənt]	Aussage(satz)	see positive / negative statement
stative verb ['stætɪv 'vɜ:b]	Verb, bei dem die *progressive form* nicht möglich ist	*know, like, seem, belong,* etc. (cf. dynamic verb)
stylistic device [staɪ'lɪstɪk dɪ'vaɪs]	Stilmittel	
subject ['sʌbdʒekt]	Subjekt	*She* gave me a book. (cf. direct / indirect object)
subject form (of personal pronouns)	Subjektform (von Personalpronomen)	*I / He / She / We / They* did it. (cf. object form)
subordinate clause [sə'bɔ:dənət 'klɔ:z]	Nebensatz	*If it rains,* we'll stay at home. (cf. main clause; see also adverbial clause, *that*-clause, interrogative clause, relative clause)
substitutes (for modal auxiliaries) ['sʌbstɪtju:ts]	Ersatzformen (von modalen Hilfsverben)	I can swim. – I *will be able to* swim. You may go. – I *was allowed to* go.
suffix ['sʌfɪks]	Nachsilbe	teach*er*, move*ment*, danger*ous*, etc. (cf. prefix)
summary ['sʌmərɪ]	Zusammenfassung	
superlative (form) [su:'pɜ:lətɪv]	Superlativ	*best, fastest, most expensive,* etc. (cf. comparative)
syllable ['sɪləbl]	Silbe	e-ne-my, beau-ti-ful
tense [tens]	Zeitform	present tense, past tense, etc.
that-clause ['ðæt ˌklɔ:z]	*that*-Satz	I didn't realize *(that) he had left.*
uncountable noun [ˌʌn'kaʊntəbl 'naʊn]	nichtzählbares Nomen	*water, coal, furniture, advice,* etc. (cf. countable noun)
unit of quantity ['ju:nɪt əv 'kwɒntɪtɪ]	Maßeinheit	a *pound* of butter, a *litre* of milk
verb [vɜ:b]	Verb	*be, have, work, know,* etc.
verb of perception [pə'sepʃn]	Verb der Wahrnehmung	*see, hear, feel, smell, taste, notice*
verbal expression ['vɜ:bl ɪk'spreʃn]	verbaler Ausdruck	*be interested in, be keen on, be likely to,* etc.
will-future ['wɪl ˌfju:tʃə]	–	The trip *will take* about four hours.
word order ['wɜ:d ˌɔ:də]	Wortstellung	(e.g. subject – verb – object)
word formation	Wortbildung	(e.g. *re- + write → rewrite*)
yes/no question	Entscheidungsfrage, *Ja/nein*-Frage	*Do you like milk?* – Yes, I do. / No, I don't.

Index

Die Zahlen in diesem Index verweisen auf die Abschnitte der Grammatik, nicht auf die Seiten.

Die Zahlen in diesem Index verweisen auf die Abschnitte der Grammatik, nicht auf die Seiten.

Die Zahlen in diesem Index verweisen auf die Abschnitte der Grammatik, nicht auf die Seiten.

Die Zahlen in diesem Index verweisen auf die Abschnitte der Grammatik, nicht auf die Seiten.

Die Zahlen in diesem Index verweisen auf die Abschnitte der Grammatik, nicht auf die Seiten.

Die Zahlen in diesem Index verweisen auf die Abschnitte der Grammatik, nicht auf die Seiten.

Die Zahlen in diesem Index verweisen auf die Abschnitte der Grammatik, nicht auf die Seiten.